Competências gerenciais

Central de Qualidade – FGV Online
ouvidoria@fgv.br

COLEÇÃO GESTÃO DE PESSOAS

Competências gerenciais

Leopoldo Antonio de Oliveira Neto

Copyright © 2012 Leopoldo Antonio de Oliveira Neto

Direitos desta edição reservados à
EDITORA FGV
Rua Jornalista Orlando Dantas, 37
22231-010 – Rio de Janeiro, RJ – Brasil
Tels.: 0800-021-7777 – 21 3799-4427
Fax: 21 3799-4430
editora@fgv.br – pedidoseditora@fgv.br
www.fgv.br/editora

Impresso no Brasil/*Printed in Brazil*

Todos os direitos reservados. A reprodução não autorizada desta publicação, no todo ou em parte, constitui violação do copyright (Lei nº 9.610/98).

Os conceitos emitidos neste livro são de inteira responsabilidade do autor.

1ª edição – 2012

Preparação de originais: Tatiany Michelle Pessoa (*in memoriam*)
Editoração eletrônica: FGV Online
Revisão: Simone Tostes, Andréa Patrícia Tostes Rabello Teixeira e Aleidis de Beltran
Capa: Aspectos
Imagem da capa: © Tatsianama I Dreamstime.com

Oliveira Neto, Leopoldo Antonio de.
  Competências gerenciais / Leopoldo Antonio de Oliveira Neto. — Rio de Janeiro: Editora FGV, 2012.
  266p. – (Gestão de pessoas (FGV Online))

  Publicações FGV Online.
  Inclui autoavaliações, vocabulário e bibliografia comentada.
  ISBN: 978-85-225-1142-6

  1. Administração de pessoal. 2. Cultura organizacional. 3. Desenvolvimento organizacional. 4. Liderança. 5. Aprendizagem organizacional. 6. Universidade corporativa. 7. Grupos de trabalho. 8. Solução de problemas em grupo. I. FGV Online. II. Fundação Getulio Vargas. III. Título. IV. Publicações.

                                                        CDD – 658.3124

Dedico a Rosana, que me ensinou
o segredo da agregação de valor.

SUMÁRIO

Apresentação	**11**
Publicações FGV Online	**13**
Introdução	**17**
Módulo I – Gestão estratégica de RH e competitividade	**19**
Gestão Estratégica de Recursos Humanos	22
Sociedade do conhecimento	22
Habilidades quânticas	24
Desafios competitivos do futuro	26
Cultura organizacional	28
Estilo brasileiro de administração	33
Gerenciamento da cultura organizacional	36
Comportamentos, símbolos e sistemas: valores em ação	39
Influências no sentimento quântico	43
Autoavaliações	**45**
Módulo II – Lideranças nas organizações contemporâneas	**51**
Liderança e modelos de gestão	54
Abordagem da nova liderança	56
Liderança carismática	58
Liderança transacional	59
Liderança transformacional	60
Liderança, motivação e comunicação	61
Gestão, informação e pessoas	61
Conceito de liderança	62
Motivação	63
Comprometimento	65
Capacitação	65

Comunicação	66
Competências requeridas pela liderança	67
Definição da trajetória	67
Busca do comprometimento	68
Desenvolvimento das capacidades organizacionais	69
Demonstração de caráter pessoal	69
Modelo de competências voltado para resultados	70
Papéis da liderança	73
Liderança educadora	75
Liderança e processos de mudança	76
Liderança informal	76
Transmissão de princípios	77
Foco da atenção e senso de urgência	77
Líderes como modelos de comportamento	78
Estilos pessoais	78
Gestores diretivo-administradores e democrático-inspiradores	78
Estilos básicos	82
Estilo afetivo	83
Estilo mental	85
Estilo ativo	87
Organização e mudança	89
Modelo mental e mudança	89
Mudanças de cenário	90
Autoavaliações	**93**
Módulo III – Descoberta e gestão de talentos	**99**
Talentos	102
Descoberta de talentos	102
Valorização dos talentos	103
Gestão de talentos	104
Identificação de talentos	106
Componentes de aprendizagem	107
Avaliação de potencial	109
Estudos longitudinais de Elliott Jaques	110
Predisposições e tendências comportamentais	113
Ciclos de aprendizagem	114

Estilos de aprendizagem	114
Resultados de aprendizagem	116
Obstáculos à aprendizagem	116
Gestão de talentos	118
Expectativas de desempenho	118
Autogerenciamento	119
Conflitos de personalidade	121
Sistemas de recompensas	121
Ambiente organizacional	122
Competências essenciais	122
Educação corporativa	124
Universidades corporativas	126
Liderança a distância	128
Aprendizagem e memória organizacional	129
Renovação do conhecimento organizacional	131
Autoavaliações	**133**
Módulo IV – Desenvolvimento de equipes	**139**
Desenvolvimento de equipes	142
Autonomia das equipes	143
Engajamento	144
Organizações de alto desempenho	147
Clima emocional	148
Dimensão do poder	148
Programa de desenvolvimento de equipe	149
Organização de equipes de trabalho	152
Formas de avaliação	154
Coaching de equipes	155
Fases de estruturação da equipe	156
Contribuição dos líderes	158
Em relação a si e aos outros	159
Em relação à conscientização e às escolhas	161
Em relação ao foco e à integração	162
Em relação à inovação e à decisão	163
Equipes eficientes	164
Disciplinas de equipes	164

Unidades de concessões mútuas	165
Disciplina do único líder	165
Disciplina de equipe	166
Escolha da disciplina	166
Equipes virtuais	167
Equipes e gerações	169
Reuniões	173
Características, tipos e funções	173
Socialização	174
Preparação de uma reunião	174
Execução da reunião	175
Término de uma reunião	175
Dinâmica e critérios de eficácia	176
Papel do líder em reuniões	177
Técnicas de trabalho em grupo	177
Considerações finais	178

Autoavaliações 183

Vocabulário 189

Gabaritos e comentários – Autoavaliações 221

Módulo I – Gestão estratégica de RH e competitividade	223
Módulo II – Lideranças nas organizações contemporâneas	231
Módulo III – Descoberta e gestão de talentos	237
Módulo IV – Desenvolvimento de equipes	245

Bibliografia comentada 253

Autor 259

FGV Online 261

Apresentação

Este livro faz parte das Publicações FGV Online, programa de educação a distância da Fundação Getulio Vargas (FGV).

A FGV é uma instituição de direito privado, sem fins lucrativos, fundada, em 1944, com o objetivo de ser um centro voltado para o desenvolvimento intelectual do país, reunindo escolas de excelência e importantes centros de pesquisa e documentação focados na economia, na administração pública e privada, bem como na história do Brasil.

Nesses mais de 60 anos de existência, a FGV vem gerando e transmitindo conhecimentos, prestando assistência técnica às organizações e contribuindo para um Brasil sustentável e competitivo no cenário internacional.

Com espírito inovador, o FGV Online, desde sua criação, marca o início de uma nova fase dos programas de educação continuada da Fundação Getulio Vargas, atendendo não só aos estudantes de graduação e pós-graduação, executivos e empreendedores, como também às universidades corporativas que desenvolvem projetos de *e-learning*, e oferecendo diversas soluções de educação a distância, como videoconferência, TV via satélite com IP, soluções *blended* e metodologias desenvolvidas conforme as necessidades de seus clientes e parceiros.

Desenvolvendo soluções de educação a distância a partir do conhecimento gerado pelas diferentes escolas da FGV – a Escola Brasileira de Administração Pública e de Empresas (Ebape), a Escola de Administração de Empresas de São Paulo (Eaesp), a Escola de Pós-Graduação em Economia (EPGE), a Escola de Economia de São Paulo (Eesp), o Centro de Pesquisa e Documentação de História Contemporânea do Brasil (Cpdoc), a Escola de Direito do Rio de Janeiro (Direito Rio), a Escola de Direito de São Paulo (Direito GV) e o Instituto Brasileiro de Economia (Ibre) –, o FGV Online é parte integrante do Instituto de Desenvolvimento Educacional (IDE), criado em 2003, com o objetivo de coordenar e gerenciar uma rede de distribuição única para os produtos e serviços educacionais produzidos pela FGV.

Visando atender às demandas de seu público-alvo, atualmente, o FGV Online disponibiliza:

- cursos de extensão via *web*, com conteúdos fornecidos por professores das diversas escolas da FGV;
- desenvolvimento e customização de cursos e treinamentos corporativos, via *web*, com conteúdos fornecidos pelo cliente ou desenvolvidos pela própria FGV;
- cursos e treinamentos semipresenciais estruturados simultaneamente com metodologias presencial e a distância;
- cursos e treinamentos disponibilizados por videoconferência, *webcasting* e TV via satélite com IP;
- TV corporativa;
- modelagem e gestão de universidades corporativas;
- jogos de negócios via internet;
- material didático multimídia – apostilas, vídeos, CD-ROMs.

Ciente da relevância dos materiais e dos recursos multimídia em cursos a distância, o FGV Online desenvolveu os livros que compõem as Publicações FGV Online – com foco específico em pós-graduação –, com a consciência de que eles ajudarão o leitor – que desejar ou não ingressar em uma nova e enriquecedora experiência de ensino-aprendizagem, a educação a distância (EAD) – a responder, com mais segurança, às mudanças tecnológicas e sociais de nosso tempo, bem como a suas necessidades e expectativas.

Prof. Clovis de Faro
Diretor do Instituto de Desenvolvimento Educacional

Prof. Carlos Osmar Bertero
Diretor acadêmico do Instituto de Desenvolvimento Educacional

Prof. Stavros Panagiotis Xanthopoylos
Diretor executivo do FGV Online

Publicações FGV Online

Atualmente, a educação a distância (EAD) impõe-nos o desafio de navegar por um mar de tecnologias da informação e da comunicação (TICs) aptas a veicular mensagens em diferentes mídias.

Especificamente no que se refere à produção de conteúdos para EAD, independentemente da mídia a ser utilizada, vale ressaltar a importância de alguns princípios gerais. Um deles é a necessidade de o conteúdo apresentar integralidade, ou seja, estrutura coerente, objetiva e completa, já que, ao contrário da prática presencial, as "entrelinhas" do livro didático ou do arquivo *powerpoint* que subsidia as aulas não poderão ser preenchidas, em tempo real, pelo professor.

A modularidade também é muito importante: materiais modulares são alterados mais facilmente, em função do perfil do público-alvo ou de atualizações de conteúdo. Ademais, a modularidade também é uma importante estratégia para o aumento da escalabilidade da oferta de conteúdos em EAD, visto que a construção de unidades mínimas, autônomas e portáteis de conteúdo – os chamados objetos de aprendizagem (OAs) – favorece a criação de múltiplas combinações, que podem ser compartilhadas por diferentes sistemas de aprendizado.

Outro princípio inclui o planejamento de estratégias para atrair a participação dos estudantes que, em sua maioria, não estão acostumados à disciplina necessária ao autoestudo. Assim, é um erro acreditar que não precisemos investir – e muito – em práticas motivacionais na EAD. Por isso, participação e interação precisam ser estruturadas, por meio de jogos, atividades lúdicas, exemplos que favoreçam o desenvolvimento do pensamento dedutivo... donde a importância da simulação e da variedade para atender a motivações diversas, mantendo, assim, a atenção dos estudantes e diminuindo os índices de evasão na EAD.

Repetição e síntese também são princípios que não devem ser esquecidos. Ao mesmo tempo que oferecem reforço, compensando distrações no ato de leitura – audição, visualização – dos conteúdos e limitações da memória, favorecem a fixação de informações.

Dentre todos esses princípios, entretanto, talvez o mais importante seja o padrão de linguagem utilizado. O caráter dialógico da linguagem – a interação – é um fator determinante da construção do conhecimento. Desse modo, a linguagem a ser empregada é aquela capaz de destacar a dimensão dialógica do ato comunicativo, e não diminuir a voz do estudante. O tom de conversação, portanto, deve ser preferido ao acadêmico. O uso da 1ª pessoa do discurso, a inserção de relatos, exemplos pessoais, frases e parágrafos curtos, bem como de perguntas constituem algumas das estratégias dos profissionais de criação em EAD para dar à linguagem uma face humana individualizada e reconhecível pelos estudantes.

O desenvolvimento de materiais para EAD baseados na *web* não requer menos cuidados. O mesmo tipo de criatividade presente na elaboração do conteúdo deve estar refletido no *layout* de cada tela/página em que ele estará disponível *on-line*. Legibilidade, acessibilidade e navegabilidade são parâmetros que devem nortear desde a construção do *storyboard* (o desenho inicial) do curso até sua finalização.

Na organização do conteúdo *on-line*, sobretudo, a multiplicidade de recursos à disposição dos profissionais de criação é tão útil como perigosa, demandando excessivo cuidado no uso dos elementos mais aptos a facilitar o aprendizado: imagens fixas e cinéticas (gráficos, esquemas, tabelas, fotos, desenhos, animações, vídeos), *hiperlinks*, textos e sons. Até mesmo os espaços em branco – nas páginas impressas ou *on-line* – representam instantes de silêncio que podem favorecer a reflexão dos estudantes, ou seja, usar tudo e de uma só vez não é sinônimo de eficácia e qualidade.

Por exemplo: não podemos ler e ver, ao mesmo tempo; assim, ou as imagens ilustram os textos ou os textos fornecem legendas para as imagens, o que precisa ser planejado. Por sua vez, *hiperlinks* com sugestões de leituras complementares, comentários, verbetes, endereços para pesquisas em *sites*, etc. precisam constituir uma rede desenhada com critério, capaz de, simultaneamente, facilitar o aprendizado e abrir novos caminhos para o aprofundamento de conteúdos ou criarão um caos por onde, dificilmente, o estudante conseguirá navegar com segurança e eficácia.

Partindo da experiência obtida na construção de materiais didáticos para soluções educacionais a distância, o FGV Online desenvolveu as Publicações FGV Online, que visam oferecer suporte aos estudantes que ingressam nos cursos a distância da instituição e oferecer subsídios para que o leitor possa-se atualizar e aperfeiçoar, por meio de mídia impressa, em diferentes temas das áreas de conhecimento disponíveis nas coleções:

- Direito;
- Economia;
- Educação e comunicação;
- Gestão da produção;
- Gestão de marketing;
- Gestão de pessoas;
- Gestão de projetos;

- Gestão empresarial;
- Gestão esportiva;
- Gestão financeira;
- Gestão hospitalar;
- Gestão pública;
- Gestão socioambiental;
- História e ética.

Portanto, ainda que o estudante, aqui, não tenha acesso a todos os recursos próprios da metodologia utilizada e já explicitada para construção de cursos na *web* – acesso a atividades diversas; jogos didáticos; vídeos e desenhos animados, além de biblioteca virtual com textos complementares de diversos tipos, biografias das pessoas citadas nos textos, *links* para diversos *sites*, entre outros materiais –, encontrará, nos volumes da coleção, todo o conteúdo a partir do qual os cursos do FGV Online são desenvolvidos, adaptado à mídia impressa.

A estrutura de cada volume de todas as coleções das Publicações FGV Online contempla:

- conteúdo dividido em módulos, unidades e, eventualmente, em seções e subseções;
- autoavaliações distribuídas por módulos, compostas por questões objetivas de múltipla escolha e gabarito comentado;
- vocabulário com a explicitação dos principais verbetes relacionados ao tema do volume e utilizados no texto;
- bibliografia comentada, com sugestões de leituras relacionadas ao estado da arte do tema desenvolvido no volume;
- senha para obtenção de desconto nos cursos a distância do FGV Online, a ser utilizada no *site* <www.fgv.br/fgvonline>, no momento de inscrição no curso escolhido.

Direcionar, hoje, a inventividade de novos recursos para ações efetivamente capazes de favorecer a assimilação de conteúdos, a interação e o saber pensar pode ser, realmente, o desafio maior que nos oferece a produção de materiais não só para a EAD mas também para quaisquer fins educacionais, pois os avanços tecnológicos não param e as mudanças dos novos perfis geracionais também são contínuas.

Para isso, precisamos aprender a viver perigosamente, experimentando o novo... e a inovação provém de quem sabe valorizar as incertezas, superar-se nos erros, saltar barreiras para começar tudo de novo... mesmo a experiência mais antiga, que é educar.

Prof. Stavros Panagiotis Xanthopoylos
Diretor executivo do FGV Online e
coordenador das Publicações FGV Online – pós-graduação

Profa. Mary Kimiko Guimarães Murashima
Diretora adjunta do FGV Online e
coordenadora das Publicações FGV Online – pós-graduação

Profa. Elisabeth Santos da Silveira
Assessora educacional do FGV Online

Introdução

Em *Competências gerenciais*, abordaremos o papel de parceiro empresarial que todo empregado deve desempenhar na organização e, de modo especial, enfocaremos esse papel quando desempenhado por gestores de pessoas em posições executivas na empresa.

Na sequência, refletiremos sobre a gestão estratégica de recursos humanos na organização, tratando do desenvolvimento e da alocação de competências que irão sustentar a intenção estratégica da empresa, visando à agregação de valor ao negócio e a seus colaboradores.

Fica claro que o tema aqui predominante é o da gestão de pessoas, especialmente o papel do líder em um ambiente cada vez mais competitivo e em permanente mudança. Por isso, abordaremos os desafios que o líder encontra quando procura conservar o que deve ser mantido na cultura organizacional ao mesmo tempo que conduz as mudanças necessárias para a garantia dos padrões desejados de competitividade, sustentabilidade e dignidade organizacional.

Podemos dizer que o objetivo fundamental deste livro é capacitar os gestores como líderes-educadores, voltados para a retenção de talentos, o desenvolvimento de equipes e o comprometimento com resultados que agreguem valor para a empresa e para seus colaboradores. Sob esse foco, *Competências gerenciais* foi estruturado em quatro módulos.

No módulo I, discutiremos os quatro papéis do parceiro empresarial, analisando a forma como esses papéis afetam os resultados. Abordaremos como as crenças e os pressupostos vigentes na empresa podem tanto alavancar quanto se traduzir em fontes de resistência em relação aos processos de escolha e mudança. Analisaremos também o poder das mensagens como instrumentos para produzir os resultados que se almeja alcançar.

No módulo II, refletiremos sobre o conceito de liderança, verificando como esse conceito evoluiu a partir de uma perspectiva da liderança vista como ações e características do líder, até a perspectiva atual da liderança transformacional, da capacidade de inspirar-se ao sentir coletivamente, de modelar e criar o futuro, aprendendo à medida que ele emerge. Trataremos, a partir daí, de modelos de competências, focalizando, com alguns detalhes, o modelo que entende competência não apenas como o estoque de conhecimentos, habilidades e atitudes de uma pessoa, mas também como os resultados, a produção e a entrega decorrentes de sua mobilização em situações de trabalho. Finalmente, trataremos da liderança em situações de mudança de cenário, com a instauração da *cultura.com* e com o uso de ferramentas da *web* 2.0.

No módulo III, abordaremos de que modo o modelo de gestão – com foco em propósitos-processos-pessoas – como vantagem competitiva auxilia o gestor de RH a identificar e reter talentos, visto que a contratação torna-se mais pessoal e estratégica. Trataremos, então, do ambiente corporativo de aprendizagem como facilitador do desenvolvimento de talentos. Finalmente, refletiremos sobre a figura do líder nesse processo.

No módulo IV, trataremos do trabalho em equipe como espaço de apropriação de conhecimentos e experiências para a solução de problemas. Descreveremos, então, as dimensões desse modo de trabalho, visando ao alto desempenho. Falaremos, ainda, dos programas de desenvolvimento do trabalho em equipe e das disciplinas a ele referentes. Nosso foco aqui será organização, implementação e avaliação.

O autor

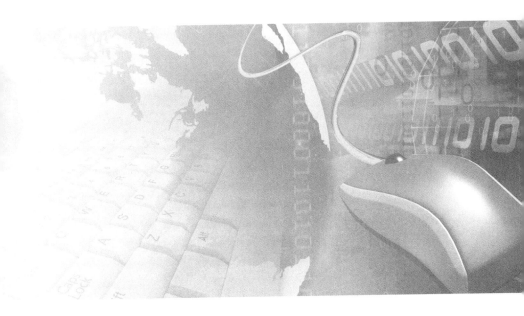

Módulo I – Gestão estratégica de RH e competitividade

Módulo I – Gestão estratégica de RH e competitividade

Neste módulo, discutiremos os quatro papéis do parceiro empresarial, analisando a forma como esses papéis afetam os resultados.

Sob essa ótica, abordaremos como as crenças e os pressupostos vigentes na empresa podem tanto alavancar como se traduzir em fontes de resistência em relação aos processos de escolha e mudança. Compreenderemos, ainda, o poder das mensagens quando utilizadas como instrumentos para produzir os resultados que almejamos alcançar.

Gestão Estratégica de Recursos Humanos

Sociedade do conhecimento

Na sociedade do conhecimento da qual participamos, o trabalho de cada pessoa deixa de ser visto como o conjunto de tarefas prescritas na descrição do cargo e se torna o prolongamento direto da competência que a pessoa mobiliza diante de um contexto cada vez mais mutável e complexo. Nesse contexto, todos nós – gestores de pessoas, e não apenas profissionais de RH – precisamos ultrapassar a burocracia e as delimitações impostas nas descrições de cargo para nos comprometer com a busca dos resultados organizacionais significativos.

De fato, admite-se, atualmente, que todos somos parceiros empresariais e gestores de pessoas nas empresas das quais participamos. Cada empregado com quem interagimos na organização é percebido como alguém que tem conhecimentos e pode agregar valor tanto para si quanto para a organização. Portanto, todas as pessoas da empresa devem ser consideradas aliados importantes na busca dos padrões desejados de competitividade, sustentabilidade e dignidade organizacional.

Nesse sentido, para criar valor e obter resultados, cada empregado, em vez de manter seu foco apenas no desenvolvimento de suas atividades, precisa, também, enfocar os resultados que sua área e organização almejam alcançar. Seu trabalho será facilitado quando forem especificadas as metas, pois são elas que direcionam a busca dos resultados do trabalho.

Nos anos 1990, Dave Ulrich[1] afirmou que o profissional de RH devia atuar desempenhando os papéis de parceiro estratégico, especialista administrativo, administrador/defensor da contribuição dos funcionários e de agente de mudanças. Na atualidade, percebemos que esses quatro papéis – vistos sob a denominação de parceiro empresarial – devem ser exercidos por todos os gestores de pessoas que atuam na organização, especialmente por aqueles que ocupam posições executivas em cargos de supervisão ou gerência.

---

[1] ULRICH, D. *Os campeões de recursos humanos*: inovando para obter os melhores resultados. São Paulo: Futura, 1998. p. 40.

Desse modo, reformulando e adaptando a contribuição de Ulrich, propomos que o papel de parceiro empresarial compreenda a combinação dos papéis de parceiro estratégico, parceiro administrativo, parceiro motivacional e agente de mudança. Todos nós, em cada momento de nossa vida profissional, atuaremos mais especificamente em um desses papéis, mas precisamos fazê-lo sem deixar de contemplar, concomitantemente, nossos outros três papéis na parceria com a empresa.

Atuamos como parceiros estratégicos da empresa quando participamos – direta ou indiretamente – do processo de definição de sua estratégia ou fazemos perguntas que nos permitam converter a estratégia em ação. Somos parceiros estratégicos também quando concebemos práticas de gestão – especialmente de gestão de pessoas – que se ajustam à estratégia empresarial.

Para identificar as práticas que fazem com que as estratégias aconteçam, os parceiros estratégicos devem procurar compreender de que modo seus resultados podem melhor contribuir com os resultados da organização, valendo-se, por exemplo, de ferramentas como as de *benchmarking*[2] e de diagnóstico e desenvolvimento organizacional.

Além de parceiros estratégicos, atuamos como parceiros motivacionais. Isso ocorre quando compreendemos as intenções e as necessidades dos empregados, buscamos os recursos necessários para que elas venham a ser atendidas e obtemos deles um maior nível de envolvimento, comprometimento e competência.

Para desempenhar esse papel, é importante conhecer os valores dos empregados, suas intenções e os motivos que os direcionam ou os afastam da busca de resultados em seu contexto de atuação. Ademais, devemos estar conscientes de que ninguém motiva ninguém. Esse conhecimento será de grande importância para o estabelecimento da confiança e do comprometimento. Nesse sentido, é fundamental a utilização de ferramentas que favoreçam o estabelecimento de um clima organizacional adequado aos propósitos da empresa e de seus colaboradores – tais como as de *coaching* e a do *endoacting*[3] –, que possibilitem fazer levantamentos regulares para que se mantenham abertos os canais de comunicação na empresa.

---

[2] ULRICH, D. *Os campeões de recursos humanos*: inovando para obter os melhores resultados. São Paulo: Futura, 1998.

[3] OLIVEIRA NETO, L. A. *Endoacting*: o caso Petrobras. Disponível em: <www.slideshare.net/zeusi9iuto/endoacting-o-caso-petrobras-2005>. Acesso em: 4 nov. 2011.

Devemos atuar como parceiros administrativos melhorando a eficiência dos processos, contribuindo para o aumento da produtividade e para a redução de perdas. Para isso, é importante conhecer os processos, as políticas e os procedimentos que afetam os resultados em nossa área de atuação, assim como os métodos e as técnicas que favorecem a melhoria e a inovação.

Por fim, para ajudar a criar o futuro, é importante que todos nós colaboremos para equilibrar *continuidade* e *mudança*. Essa é uma grande responsabilidade que cabe a cada um de nós. Atuando como agentes de mudança ajudamos as organizações a identificar, estruturar e solucionar problemas, a construir relações de confiança, a criar e executar planos de ação. Apontamos as mudanças necessárias e colaboramos nos processos para sua administração, obtendo o comprometimento das pessoas no processo, no monitoramento e na implantação de ações.

A mudança organizacional ocorre juntamente com a transformação individual. Segundo esse ponto de vista, o local onde trabalhamos é, simplesmente, um reflexo de nossas crenças individuais e coletivas. À medida que nossas crenças mudam, nós não apenas passamos a perceber o mundo de maneira diferente como também começamos a nos comportar de modo diferente. Criamos, dessa forma, uma nova realidade.

Habilidades quânticas

Para Shelton,[4] "as habilidades quânticas – assim como as habilidades tradicionais de planejar, organizar, dirigir e controlar – podem ser aplicadas tanto às nossas atividades pessoais quanto aos nossos compromissos profissionais". Ao usar nossas habilidades, descobrimos que há muito mais coisas na vida do que aquilo que é captado por nossa visão. Por exemplo, a luz solar é branca antes de atravessar um prisma; após esse momento, aparecem todas as cores do arco-íris. Sem um dispositivo decodificador, as cores são simplesmente invisíveis para a percepção humana.

Da mesma forma que o prisma, as habilidades quânticas podem atuar como um decodificador para nossos potenciais ocultos. À medida que

---

[4] SHELTON, C. *Gerenciamento quântico*: como reestruturar a empresa e a nós mesmos usando sete novas habilidades quânticas. São Paulo: Cultrix, 2003. p. 18-19, 24.

trabalhamos com essas habilidades, começamos a ver mais, tornamo-nos mais. Recriamos nossas vidas e, juntos, recriamos nossas organizações. "A luz é uma boa metáfora para a vida, porque, na vida, tanto quanto a luz, existem sempre potenciais invisíveis."[5]

As habilidades quânticas são: visão quântica, pensamento quântico, sentimento quântico, conhecimento quântico, ação quântica, confiança quântica e ser quântico.

Visão quântica é a capacidade de ver intencionalmente, o que implica o estabelecimento de intenções claras e o compartilhamento dessas intenções com as pessoas da empresa, gerando uma visão organizacional.

Por sua vez, o pensamento quântico é a capacidade de pensar paradoxalmente. O pensamento está relacionado à estratégia empresarial; ele permite que passemos do modo ocidental de decidir entre uma ou outra possibilidade para um modo tipicamente oriental de decidir, admitindo-se, ao mesmo tempo, uma e outra possibilidade. Isso expande a capacidade criativa e a intuição nos processos de tomada de decisão e solução de problemas da organização.

Já o sentimento quântico é a capacidade de sentir-se efetivamente vivo; implica enfocar os aspectos positivos de cada situação, favorecendo nossa capacidade de enxergar novas possibilidades e de dirigirmo-nos para elas.

Diferentemente, o conhecimento quântico é a capacidade de saber intuitivamente, o que implica contar com a intuição, expandindo, grandemente, nossos níveis de criatividade, de *insight* criativo nos processos de solução de problemas e de tomadas de decisão.

Outra habilidade é a ação quântica, que consiste na capacidade de agir com responsabilidade, exigindo a transparência dos valores individuais e a consciência sobre nossas escolhas, em um enfoque que vê a empresa como ecossistema.

Já a confiança quântica é a capacidade de confiar na vida, de ver o caos como progenitor de níveis novos e superiores de ordem e coerência.

Por fim, ser quântico é a capacidade de ser nos relacionamentos, de suspender o julgamento, de escutar profundamente e comprometer-se a encontrar soluções em que todos saem ganhando. Desenvolver essa

---

[5] SHELTON, C. *Gerenciamento quântico*: como reestruturar a empresa e a nós mesmos usando sete novas habilidades quânticas. São Paulo: Cultrix, 2003. p. 19.

habilidade requer que nossa mente mantenha-se aberta, sem prejulgamentos, e que eliminemos todos os tipos de atos emocionais de distanciamento, o que Scharmer[6] identifica como superar a voz do ceticismo. Essa tarefa demanda, em primeiro lugar, que nos coloquemos em uma posição de vulnerabilidade, o que o distanciamento, normalmente, impede.

Desafios competitivos do futuro

Atualmente, experiência, conhecimento e inovação têm guiado nossa economia e influenciado mudanças na maneira como os gestores abordam seu trabalho, como apontado por Scharmer[7] no quadro 1:

Quadro 1
CONTEXTO ECONÔMICO EM MUTAÇÃO

	Bens	Serviços	Inovação
Foco na criação de valor	Cria produtos padronizados.	Entrega serviços customizados.	Testa e cocria experiências personalizadas.
Cliente como:	Direcionado para o marketing de massas.	Direcionado para a customização em massa.	Parceiro de cocriação.
Economia	Economias de escala.	Economias de escopo.	Economias de *presencing*.

continua

---

[6] SCHARMER, C. O. *Teoria U*: como liderar pela percepção e realização do futuro emergente – mente aberta, coração aberto, vontade aberta. Rio de Janeiro: Campus, 2010. p. 33.
[7] Ibid., p. 60.

	Bens	Serviços	Inovação
Modelo organizacional	Funcional: uma única esfera – produção em massa.	Divisional: duas esferas – produção; interface com o cliente.	Em rede: produção; interface com o cliente; inovação.
Local do impulso empresarial	Centro da organização (foco no produto).	Periferia da organização (foco no cliente).	Esfera em torno da organização (foco na cocriação).
Lógica da relação com os clientes	Orientada para o produto (*push*).	Orientada para o serviço (*pull*).	Orientada para a cocriação (presença).
Classe principal	Classe trabalhadora.	Classe do setor de serviços.	Classe criativa.
Mentalidade gerencial	O mundo como ele é (eu = observador).	O mundo desenvolve-se conforme as pessoas interagem (eu = participante).	O mundo surge conforme optamos por atender a seu chamado (eu = fonte da cocriação).

No contexto econômico em mutação, os gestores enfrentam múltiplos desafios: criar modelos e processos para alcançar agilidade, eficiência e competitividade globais, uma vez que a globalização domina o ambiente competitivo; aprender a operar ao longo da cadeia de valor e nas malhas da rede de valor; descobrir novas maneiras de conceber e aplicar práticas organizacionais para administrar, simultaneamente, o crescimento e os custos em função do lucro sustentado; redefinir as capacidades da organização a fim de sustentar e integrar as competências individuais, alinhando-as às competências organizacionais e à estratégia de negócios.

Há, ainda, outros desafios a serem enfrentados pelos gestores de pessoas, como aprender a mudar mais depressa e mais tranquilamente, sensibilizando o coração e a mente de cada profissional na organização, preparando-o, dessa forma, para a mudança; descobrir como tornar a tecnologia parte viável e produtiva do ambiente de trabalho; atrair, reter e medir a competência e o capital intelectual, criando organizações em que o capital intelectual seja constantemente atualizado; concentrar-se na transformação da imagem da empresa aos olhos de seus usuários, por meio de ações direcionadas à cocriação e ao aumento sustentável de participação no mercado.

Para ser bem-sucedida, ao enfrentar os desafios competitivos do futuro, a organização deve avaliar até que ponto está se valendo do esforço, do talento e da competência de seus empregados, direcionando sua intenção e atenção para a adoção de modelos de gestão que conduzam aos resultados desejados de forma digna e sustentável.

Cultura organizacional

Sob as mais variadas abordagens metodológicas, muito se tem pesquisado, dito e escrito sobre cultura organizacional. Algumas inferências são feitas a partir de simples levantamentos de opiniões e percepções dos empregados de uma organização, obtidas tanto em processos de diagnóstico de clima organizacional quanto em sofisticados processos de compreensão de significados simbólicos e ritualísticos do contexto da organização. Podem ser fáceis de identificar, mas difíceis de interpretar, e acabam não auxiliando a gestão da cultura organizacional.

Taylor[8] afirma que a cultura é a manifestação do que realmente é valorizado. Se a organização valoriza *ser legal uns com os outros* mais do que valoriza honestidade, por exemplo, sua cultura irá refletir essa situação e, quiçá, manifestar-se-á na maneira pela qual as revisões das performances são conduzidas. Portanto, existem valores enriquecedores, os quais refletem normas sobre o que é ou não aceitável, beneficiando, em geral, nós mesmos e também os outros (honestidade, meritocracia, lealdade,

---

[8] TAYLOR, C. *Walking the talk*: building a culture for success. United Kingdom: Random House Business Books, 2005. p. 7-9.

busca da excelência, etc.). Ao mesmo tempo, há valores egoístas, ou seja, atributos que nem sempre favorecem o bem comum e estão relacionados a aspectos que não são considerados propriamente valores (apesar de os valorizarmos, pois são importantes para nós): status, popularidade, controle, ganhar dos outros, etc. Geralmente, o comportamento das pessoas é influenciado por esses dois tipos de valores, e, quando os líderes são acusados de usar o lema "faça o que eu digo, não faça o que eu faço", de terem um discurso diferente do que se percebe em suas ações, isso pode ser devido ao fato de seu comportamento ser guiado mais por valores egoístas do que por valores enriquecedores. O comportamento desses líderes denota, por exemplo, que eles valorizam mais ser populares do que honestos.

Tendo isso em vista, para Taylor:[9]

> *Contribuir para o bem da organização como um todo, ao invés de puramente para o ganho individual, consiste em uma abordagem baseada nos valores.*
>
> *Para algumas organizações, o lucro tem-se tornado o único valor real, servindo mais para o interesse próprio, especialmente para aqueles que obtêm ganhos por suas conquistas individuais.*
>
> *Se o lucro for o principal aspecto impulsionador, a organização servirá mais aos próprios interesses daquelas pessoas, em detrimento dos outros stakeholders.*

Segundo Schein,[10] a cultura de grupo pode ser entendida como:

> *a aprendizagem acumulada e compartilhada por determinado grupo, cobrindo os elementos emocionais (intenção – motivação), cognitivos*

continua

---

[9] TAYLOR, C. *Walking the talk*: building a culture for success. United Kingdom: Random House Business Books, 2005. p. 11.

[10] SCHEIN, E. H. *Cultura organizacional e liderança*. São Paulo: Atlas, 2009. p. 16.

(atenção – decisão) e comportamentais (ação – resultados) do funcionamento sociopsicológico de seus membros.

Figura 1
CULTURA ORGANIZACIONAL

Dada tal estabilidade e histórico compartilhado, a necessidade humana por estabilidade, consistência e significado levará os vários elementos compartilhados a formar padrões e crenças que, finalmente, podem-se denominar de cultura.[11]

Podemos dizer que a cultura organizacional é crucial para a alavancagem das mudanças necessárias na organização. Admite-se que crenças e pressupostos definem o que as pessoas percebem como importante, orientando os processos de escolha e de mudança. Tais elementos constituem as fontes de resistência que sabotam e inviabilizam as ações estratégicas. As suposições básicas tendem a não ser confrontadas ou debatidas e, por isso, são extremamente difíceis de serem modificadas. Uma vez tendo funcionado bem o suficiente para serem consideradas válidas, acabam sendo ensinadas a novos membros como a forma correta de perceber, pensar e sentir em relação aos problemas. Todavia, nem sempre a organização é capaz de vivenciar situações, em seu dia a dia, passíveis de se converterem em valores e crenças compartilhados por todos.

---

[11] SCHEIN, E. H. *Cultura organizacional e liderança*. São Paulo: Atlas, 2009. p. 16.

Ao relacionar cultura e liderança, Schein[12] afirma que eles são:

> *Dois lados de uma mesma moeda, o que significa que os líderes, ao criar grupos e organizações, primeiro criam culturas, que cultura é o resultado de um complexo processo de aprendizagem de grupo que é apenas parcialmente influenciado pelo comportamento do líder. Mas se a sobrevivência do grupo estiver ameaçada em razão de elementos de sua cultura estarem mal adaptados, é, em última instância, função das lideranças em todos os níveis da organização reconhecer e fazer algo em relação a essa situação. É nesse sentido que liderança e cultura estão conceitualmente entrelaçadas.*

De fato, os aspectos mais fortes da cultura corporativa, normalmente, são transmitidos pelos primeiros líderes da organização, pioneiros nas maneiras de conduzir os negócios, de solucionar os problemas. Esses líderes imprimiram, na organização, sua visão de mundo, sua visão sobre os papéis que a empresa deveria desempenhar. Assim sendo, em função de seu poder sobre as estruturas organizacionais, da concepção e do desenvolvimento da visão, a participação do fundador – ou presidente – da empresa é fundamental para o diagnóstico da cultura organizacional.

Wind[13] argumenta que "a realidade é uma história que o cérebro e o mundo resolvem juntos". Nesse sentido, o contexto organizacional poderia ser desvelado a partir da utilização de entrevistas com as pessoas ligadas à organização. Mesmo admitindo que o momento particular que as pessoas estejam vivendo influencie sua percepção e que as pessoas tendem a colocar aquilo que se espera que elas digam, esse procedimento nos permite identificar as percepções das pessoas sobre o funcionamento dos componentes organizacionais e os possíveis valores básicos que podem estar suportando suas percepções e intenções.

---

[12] SCHEIN, E. H. *Cultura organizacional e liderança*. São Paulo: Atlas, 2009. p. 11.

[13] WIND, Y.; CROOK, C.; GUNTHER, R. *A força dos modelos mentais*: transforme o negócio da sua vida e a vida do seu negócio. Porto Alegre: Bookman, 2005. p. 232.

Segundo Schein,[14] os cinco valores básicos sobre os quais se tecem as práticas sociais são:

A) A relação de organização com o ambiente:

- É de dominação, de submissão ou de harmonia?

B) A natureza da realidade e da verdade:

- Como a organização define o que é real e o que não é?
- A verdade da organização é descoberta ou é revelada pelos líderes?
- Quais são os conceitos básicos de tempo e espaço?

C) A natureza humana:

- É boa, má ou neutra?
- As pessoas são passíveis de serem desenvolvidas?

D) A natureza do trabalho:

- Qual é seu significado para as pessoas?
- As pessoas devem ser ativas, ser passivas, buscar seu autodesenvolvimento ou ser fatalistas?

E) Relações humanas:

- Quais são as formas de interação entre as pessoas?
- Como se distribui o poder?
- A vida é cooperativa ou competitiva?
- A vida é individualista ou participativa?

Nesse sentido, os valores não devem ser vistos apenas como um meio para se alcançar um fim – o lucro –, mas sim como um fim em si mesmos.

---

[14] SCHEIN, E. H. *Cultura organizacional e liderança*. São Paulo: Atlas, 2009. p. 158-175.

De acordo com Fleury e Sampaio,[15] as perguntas que emergem dos valores básicos remetem aos valores profundos de uma organização. Em geral, procuramos ignorar essas questões com discursos e cartas de princípios que mascaram os reais valores da organização. Entretanto, são os elementos simbólicos visíveis (como o comportamento aparente das pessoas, as formas de comunicação, os ritos organizacionais, etc.) que expressam os valores básicos de uma organização, os quais tecem a história da empresa, as formas de organização, o significado do trabalho, as relações de poder e as relações com o ambiente.

Logo, compreender as formas de interação, as relações de poder no interior das organizações, sua expressão – ou seu mascaramento por meio de símbolos e práticas organizacionais – é fundamental para a discussão de como acontece o processo de aprendizagem na organização.

Com base nesses argumentos, Maria Tereza Leme Fleury[16] redefine cultura organizacional da seguinte forma:

Cultura organizacional é um conjunto de valores, expressos em elementos simbólicos e em práticas organizacionais, que, em sua capacidade de ordenar, atribuir significações, construir a identidade organizacional, tanto agem como elementos de comunicação e consenso, como expressam e instrumentalizam relações de dominação.

Estilo brasileiro de administração

Freitas[17] coloca que "a análise de nossa cultura contribui para gerenciar mudanças nas organizações" e destaca "os cinco principais traços de nossa cultura", que parecem constituir a alma do povo brasileiro.

---

[15] FLEURY, M. T. L.; SAMPAIO, J. R. Uma discussão sobre cultura organizacional. In: FLEURY, M. T. L. et al. *As pessoas na organização*. São Paulo: Gente, 2002. p. 290.

[16] FLEURY, M. T. L. et al. *As pessoas na organização*. São Paulo: Gente, 2002. p. 290.

[17] FREITAS, A. B. Traços brasileiros para uma análise organizacional. In: MOTTA, F. C. P.; CALDAS, M. P. *Cultura organizacional e cultura brasileira*. São Paulo: Atlas, 1997. p. 38-54.

Tais traços são os apresentados a seguir:

Quadro 2
TRAÇOS DA CULTURA BRASILEIRA

Traço	Características-chave
Hierarquia	■ Tendência à centralização do poder dentro dos grupos sociais. ■ Distanciamento nas relações entre diferentes grupos sociais. ■ Passividade e aceitação dos grupos inferiores.
Personalismo	■ Sociedade baseada em relações pessoais. ■ Busca de proximidade e afeto nas relações. ■ Paternalismo: domínio moral e econômico.
Malandragem	■ Flexibilidade e adaptabilidade como meio de navegação social. ■ Jeitinho.
Sensualismo	■ Gosto pelo sensual e pelo exótico nas relações sociais.
Aventureiro	■ Mais sonhador que disciplinado. ■ Tendência à aversão ao trabalho manual ou metódico.

Pesquisas realizadas por Prates e Barros,[18] com base na percepção de 2.500 dirigentes e gerentes de 520 empresas de grande e médio porte do Sudeste e Sul do país, contribuíram para o desenvolvimento de um modelo do sistema de ação cultural brasileiro na gestão empresarial. Esse modelo é constituído de quatro subsistemas que se referem à instituição (subsistema formal), ao pessoal (subsistema informal), aos líderes e aos liderados.

---

[18] PRATES, M. A. S.; BARROS, B. T. O estilo brasileiro de administrar. In: MOTTA, F. C.; CALDAS, M. P. *Cultura organizacional e cultura brasileira*. São Paulo: Atlas, 1997. p. 55-69.

Esses subsistemas apresentam, por meio de traços culturais comuns, algumas interseções, quais sejam:

- a concentração do poder – na interseção dos subsistemas líderes com a instituição;
- o personalismo – na interseção dos subsistemas líderes com o pessoal;
- a postura de espectador – na interseção dos subsistemas liderados com a instituição;
- a neutralização do conflito – na interseção dos subsistemas liderados com o pessoal.

Na dimensão institucional, os autores constatam a existência de concentração do poder e, a seu lado, o personalismo existente na dimensão pessoal. A combinação de concentração de poder e personalismo dá origem ao paternalismo como o estilo brasileiro de liderar.

De maneira resumida, podemos apontar esses traços da seguinte forma:

Figura 2
TRAÇOS CULTURAIS

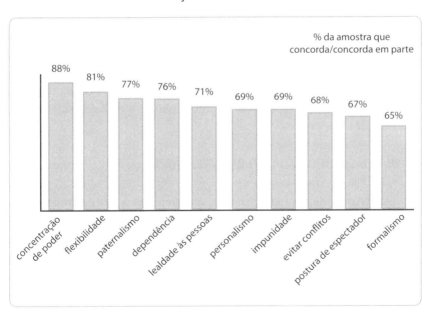

Uma visão integrada do modelo proposto pelos autores, denominado sistema de ação cultural brasileiro, é a apresentada na figura 3:

Figura 3
Sistema de ação cultural brasileiro

A respeito desse resultado, os autores comentam que a capacidade de "flutuar nos espaços dos líderes e dos liderados, do institucional e do pessoal – ligando-os por meio do paternalismo e da flexibilidade, do formalismo e da lealdade pessoal – explica alguns dos paradoxos de nossa sociedade",[19] isto é, o fato de tratar-se de uma sociedade alegre e harmônica, mas pobre e criativa, mas com baixo nível de crítica.

Gerenciamento da cultura organizacional

Diante de todas essas peculiaridades, podemo-nos perguntar: é possível gerenciar a cultura de uma organização? Acreditamos que sim, porém, com dificuldade. Para Schein,[20] os líderes, ao reforçarem a adoção de suas próprias crenças, valores e suposições, compartilhando-as com

---

[19] PRATES, M. A. S.; BARROS, B. T. O estilo brasileiro de administrar. In: MOTTA, F. C. P.; CALDAS, M. P. *Cultura organizacional e cultura brasileira*. São Paulo: Atlas, 1997. p. 59.
[20] SCHEIN, E. H. *Cultura organizacional e liderança*. São Paulo: Atlas, 2009. p. 228-253.

o grupo, criam as condições para a fixação e a transmissão da cultura. Quando a proposta é mudar padrões – crenças e valores culturais –, as resistências são grandes.

Ghoshal e Bartlett[21] apontam que, nas empresas tradicionais – caracterizadas pela ênfase nas estratégias-estruturas-sistemas –, o ambiente cultural é impregnado de valores e crenças que decorrem do modelo de gestão orientado pelo controle, pelo medo do fracasso e pela inibição da iniciativa e da criatividade, limitando, assim, significativamente, as capacidades da empresa. Nas organizações individualizadas – que evoluem para além das estratégias-estruturas-sistemas e se caracterizam pela ênfase nos propósitos-processos-pessoas –, contudo, o ambiente cultural reflete o senso de significado e um sentimento compartilhado de orgulho pelo trabalho, além de um senso de compromisso com a responsabilidade. Esses sentimentos são difundidos pela criação de um ambiente pautado na confiança, o que, consequentemente, capacita as pessoas a tomar iniciativas, cooperar e aprender. Mas como alinhar dinamicamente o ambiente cultural da organização – tradicional ou individualizada – aos padrões requeridos pelas demandas do mercado?

Frequentemente, encontramos, nas empresas, *clusters* culturais – cultura da gerência, cultura da área de produção, etc. –, compondo o conjunto de tipologias culturais que caracteriza sua cultura corporativa. Schein,[22] ao tratar das tipologias culturais, alerta-nos que "o valor das tipologias simplifica o pensamento e fornece categorias para a escolha das complexidades com que devemos lidar ao confrontarmos as realidades organizacionais". Apoiado nesse argumento, ao buscarmos elementos para gerenciar a cultura organizacional, partimos da crença de que o processo de mudança cultural, que objetiva alinhar, dinamicamente, as demandas do mercado com as respostas da organização, pode ser alavancado por meio de um conjunto ordenado de mudanças em algumas de suas áreas.

Gattorna segue a tipologia de quatro categorias, baseada em duas dimensões – quão flexível ou estável é a organização e quão internamente ou externamente focada ela é.

---

[21] GHOSHAL, S.; BARTLETT, C. A. *A organização individualizada*: talento e atitude como vantagem competitiva. Rio de Janeiro: Campus, 2000. p. 285-303.

[22] SCHEIN, E. H. *Cultura organizacional e liderança*. São Paulo: Atlas, 2009. p. 187.

Para Gattorna,[23] "cabe ao grupo de liderança em uma empresa assumir a responsabilidade pela moldagem das várias subculturas necessárias para suportar e orientar as estratégias delineadas para atender ao mercado". Segundo esse autor:[24]

> *dispor de um conjunto alinhado de subculturas (estabelecido sobre o conjunto de valores partilhados por toda a empresa, também conhecido como cultura corporativa) é crucial para a implementação bem-sucedida da estratégia operacional.*

Ainda que, para Schein,[25] tais tipologias culturais restrinjam "nossa perspectiva ao focar prematuramente apenas algumas dimensões, limitem nossa habilidade de encontrar padrões complexos entre várias dimensões e não revelem o que determinado grupo sente com intensidade", a proposta de Gattorna nos parece ser muito útil por apresentar à liderança parâmetros para reflexão sobre o tipo de *coaching* que seria o mais adequado, em função do alinhamento requerido pela estratégia adotada pela organização para lidar com as diferentes forças do mercado.

Gattorna[26] propõe um modelo para o alinhamento dinâmico entre as forças de mercado e a oferta de produtos e serviços por parte da organização. Para ele, esse alinhamento pode ser obtido por meio de líderes eficazes que, entendendo os valores agregados de sua empresa, conseguem moldar as subculturas de suas áreas de atuação, alinhando-as às preferências que os clientes estão demonstrando no mercado. Isso requer ajustes em um conjunto de 13 áreas críticas à formação de uma subcultura de grupo, entre as quais:

- desenho organizacional;
- perfil das pessoas – atitudes e comportamentos;
- processos, tecnologia de sistemas/informação;

---

[23] GATTORNA, J. *Dynamic supply chains*: delivering value through people. Great Britain: Pearson Education Limited, 2010. p. 118.

[24] Ibid., p. 24.

[25] SCHEIN, E. H. *Cultura organizacional e liderança*. São Paulo: Atlas, 2009. p. 187.

[26] GATTORNA, J. *Dynamic supply chains*: delivering value through people. Great Britain: Pearson Education Limited, 2010. p. 179.

Competências gerenciais /

- planejamento de vendas e operações;
- KPIs – indicadores-chave de desempenho;
- incentivos;
- desenho do trabalho;
- comunicação interna, treinamento e desenvolvimento;
- modelagem de papéis – *coach*;
- captação de pessoas – recrutamento e seleção;
- estilo de liderança – atitudes e comportamentos que os líderes devem apresentar nos níveis pessoal e gerencial para serem bem-sucedidos no processo de gestão da subcultura de grupo.

O gestor, como líder cultural, deve reconhecer que uma cultura não é melhor nem mais vencedora do que outra. É fundamental para o gestor saber ler e lidar com diferentes subculturas na empresa e, acima de tudo, entender que seu desafio é tornar mais congruente cultura e contexto, buscando seu alinhamento dinâmico. Se os gestores, líderes culturais, não se tornarem conscientes das culturas em que estão inseridos, estas os gerenciarão.

Comportamentos, símbolos e sistemas: valores em ação

Para Taylor,[27] "a cultura de uma organização pode ser percebida como o resultado de normas comportamentais que estabelecem o que é aceitável e que revelam o que é realmente valorizado". Portanto, para liderar a mudança cultural na organização, é necessário conhecer como os valores realmente funcionam e como eles se manifestam por meio dos comportamentos, símbolos e sistemas da organização.

Os valores e as predisposições das pessoas nas atitudes e nos comportamentos sustentam, em grande parte, o que acontece na organização em que trabalham, mas elas, provavelmente, não estão cientes de que isso esteja ocorrendo.

Nesse contexto, os valores se manifestam por meio de três canais: comportamentos, símbolos e sistemas.

---

[27] TAYLOR, C. *Walking the talk*: building a culture for success. United Kingdom: Random House Business Books, 2005. p. 7.

Segundo Taylor,[28] "as culturas são mantidas através das mensagens que são enviadas e recebidas sobre qual comportamento se pode esperar".

Portanto, qualquer cultura está relacionada com as mensagens enviadas, as quais sinalizam o que está sendo valorizado, o que é importante e o que as pessoas devem fazer para se enquadrarem, para serem aceitas e recompensadas.

Tais mensagens surgem a partir de três amplas áreas:

- comportamentos – o comportamento dos outros, especialmente daqueles que surgem para serem importantes;
- sistemas – mecanismos para gerir pessoas e tarefas;
- símbolos – eventos observáveis, artefatos e decisões para as quais as pessoas atribuem significado.

O comportamento de qualquer pessoa reflete seus valores, logo, uma mudança de comportamento – tanto o nosso quanto o de outras pessoas – demandará algumas modificações no conjunto de valores. Por exemplo, uma pessoa que realmente valorize os clientes não irá vender algo que não acredite proporcionar real benefício a eles.

Taylor[29] apresenta, no quadro 3, alguns comportamentos que possuem um impacto cultural mais significativo.

Quadro 3
COMPORTAMENTO *VERSUS* CULTURA

Comportamento de um líder	Cultura produzida
Humildade, estando disposto a reconhecer seus erros.	Compreensão, aprendizado.
Buscar e ouvir os pontos de vista daqueles que estão na linha de frente.	Foco no cliente.

continua

---

[28] TAYLOR, C. *Walking the talk*: building a culture for success. United Kingdom: Random House Business Books, 2005. p. 7.
[29] Ibid., p. 20.

Comportamento de um líder	Cultura produzida
Solicitar o comprometimento das pessoas e acompanhá-las quanto ao que lhes foi solicitado.	Responsabilização.
Dizer não e aceitar o não como resposta.	Disciplina, controle de risco.
Aceitar justificativas pela não realização do trabalho.	Evasão.
Favorecer uma pessoa em detrimento dos outros sem basear tal atitude na performance.	Política.
Pôr a culpa no mensageiro.	Acobertamento.

> *Os símbolos são decisões ou eventos em relação aos quais as pessoas atribuem um significado que pode, perfeitamente, estar além do escopo original.*
>
> *Os símbolos tornam-se mais acentuados através das estórias que vão sendo contadas. Contar estórias transforma os símbolos em lendas: os momentos decisivos no passado de sua organização, os grandes feitos heroicos e as pessoas envolvidas neles funcionam, pois são uma manifestação do conjunto de valores que existe por trás da estória.[30]*

Decisões a respeito do uso do espaço físico e de outros recursos são exemplos de situações em que uma escolha tem de ser feita – em geral, por meio do líder –, sabendo-se que nem todos os valores potenciais podem ser cumpridos.

São decisões simbólicas, pois as escolhas estão sendo feitas considerando-se uma quantidade limitada de recursos.

---

[30] TAYLOR, C. *Walking the talk*: building a culture for success. United Kingdom: Random House Business Books, 2005. p. 22.

Os rituais também são importantes na modelagem de uma cultura, pois acabam refletindo o comportamento e o senso de identidade do grupo.

Sistemas referem-se ao tipo de mensagens que dão sustentação ao funcionamento da organização. Em um sentido amplo, abrangem mecanismos de gestão que controlam, planejam, medem e recompensam a organização e as pessoas que nela trabalham. Segundo Taylor:[31]

> *Os sistemas são diferentes dos comportamentos e dos símbolos, pois são o resultado de decisões históricas que foram tomadas. Muitas organizações têm seus sistemas estruturados com base nas prioridades e nos valores por elas adotados no passado. Tais sistemas influenciam os valores e podem forçar as pessoas a se comportarem de determinados modos, especialmente se os funcionários ainda os veem como algo que os apoiam.*

Os sistemas tendem a estar por trás das mudanças da forma de pensar e dos valores da organização. Fazem parte de sua cultura e se referem às áreas críticas apontadas por Gattorna como relevantes à formação das subculturas de grupo. Devem ser revistos ao se modelar a cultura para que se alinhem ao contexto e se mantenham como geradores de performance.

Cabe aos líderes da organização a responsabilidade pela criação de um contexto de renovação, seja adotando práticas e posturas mais sensíveis às pessoas, seja criando mecanismos de comunicação por meio dos quais a informação possa fluir livremente pela organização, ou, ainda, possibilitando a participação crítica de todos.

As culturas determinam os critérios para a liderança e, então, definem quem será ou não líder. Se os elementos de uma cultura se tornarem disfuncionais, a função primordial dos líderes será gerenciar a evolução e a mudança cultural, de tal modo que o grupo possa sobreviver em um ambiente em mutação, alinhado a seu contexto.

Para se autorrenovar, as empresas necessitam revitalizar as pessoas. Para tanto, elas precisam do empreendedorismo e da criatividade. Esses elementos, certamente, já existem na organização, contudo, em geral,

---

[31] TAYLOR, C. *Walking the talk*: building a culture for success. United Kingdom: Random House Business Books, 2005. p. 24.

estão tolhidos pela opressão do ambiente organizacional. Aqui, o maior desafio está em alterar o aspecto comportamental, foco da mudança, de forma que a revitalização se dê pelo questionamento resultante da criação de novas competências e novos negócios da organização, alinhados a seu contexto de atuação.

Influências no sentimento quântico

A capacidade de nos sentirmos efetivamente vivos, energizados – sentimento quântico – é fortemente influenciada pelo contexto do modelo gerencial propósitos-processos-pessoas. Esse modelo torna-nos aptos, conscientemente, a escolher sentimentos que mantenham nossa vitalidade, a concentrar-nos em sentimentos positivos – em vez de querermos entender um sentimento negativo – e a deslocarmos o foco de nossa atenção do problema, canalizando energias para a solução.

Figura 4
MODELO GERENCIAL PROPÓSITOS-PROCESSOS-PESSOAS

Scharmer[32] lembra a importância de ampliarmos o autoconhecimento para nos tornarmos mais conscientes, percebermos o lugar interior onde nossas fontes de intenção (motivação) e de atenção (decisão) residem e a partir das quais operam. Destaca, ainda, a importância de

---
[32] SCHARMER, C. O. *Teoria U*: como liderar pela percepção e realização do futuro emergente – mente aberta, coração aberto, vontade aberta. Rio de Janeiro: Campus, 2010. p. 95, 102, 116.

nos movermos para os contextos que realmente importam, ficando em contato com a questão à medida que ela se desenvolve, aprendendo e atuando a partir do futuro à medida que ele emerge.

Ver a situação sob o prisma do sentimento quântico nos leva a pensar paradoxalmente – pensamento quântico. Nesse estado mental, podemos ver oportunidades antes não percebidas, temos maior clareza de pensamento e ideias mais criativas. É importante ressaltar que praticar o sentimento quântico não significa negar os aspectos negativos implicados nas situações, mas transformá-los; enquanto não aprendemos a energizar e revitalizar nossas vidas, os programas de mudança organizacional fazem pouca diferença em nossa produtividade e em nossa satisfação com o trabalho.

Assim sendo, para mudar nosso ambiente de trabalho, devemos começar transformando em positivos nossos sentimentos negativos. Para isso, podemos clarear nossas intenções, mudar nosso foco de atenção – visão quântica. À medida que nossa percepção muda, nossos sentimentos também mudam. Tornamo-nos mais capazes de neutralizar a tensão, passamos a ter ideias revolucionárias a respeito de ações que podemos realizar e de mudanças que podemos praticar, passamos a influenciar mais a organização e nos tornamos agentes de mudança.

Autoavaliações

Questão 1:

Charlotte Shelton aponta sete habilidades quânticas: visão quântica, pensamento quântico, sentimento quântico, conhecimento quântico, ação quântica, confiança quântica e ser quântico.

Manter a mente aberta, sem prejulgamentos, escutar profundamente e eliminar todos os tipos de atos emocionais de distanciamento, comprometendo-se a encontrar soluções em que todos saem ganhando são práticas recomendadas, principalmente, para o desenvolvimento:

a) do ser quântico.
b) da ação quântica.
c) da visão quântica.
d) da confiança quântica.

Questão 2:

Nas empresas, o ambiente cultural é impregnado de valores e crenças.

Podemos afirmar que, nas empresas tradicionais, esses valores e essas crenças, apesar de serem elementos simbólicos, podem ser identificados, **exceto** por meio:

a) dos ritos organizacionais.
b) das formas de comunicação.
c) da base salarial dos empregados.
d) do comportamento aparente das pessoas.

Questão 3:

Prates e Barros, em *O estilo brasileiro de administrar*, descrevem um modelo do sistema de ação cultural brasileiro, constituído de quatro subsistemas.

Entre esses quatro subsistemas, podemos apontar os que se referem:

a) aos líderes.
b) aos parceiros.
c) à instituição ou informal.
d) ao pessoal ou supraformal.

Questão 4:

A empresa precisa revitalizar as pessoas para se autorrenovar e se manter competitiva.

Quanto a isso, podemos afirmar que o empreendedorismo e a criatividade:

a) são importantes e essenciais à vida organizacional.
b) não são tão importantes, exceto em momentos de crise.
c) são importantes e exclusivos de organizações de alta tecnologia.
d) são importantes, mas menos observados em organizações inovadoras.

Competências gerenciais

Questão 5:

Os gestores de pessoas podem atuar como parceiros estratégicos, parceiros administrativos, parceiros motivacionais ou agentes de mudanças. Os gestores de pessoas tornam-se parceiros motivacionais quando:

a) obtêm a eficiência dos processos de RH.
b) identificam um processo para administrar a mudança.
c) participam do processo de definição da estratégia da empresa.
d) obtêm mais comprometimento e competência por parte dos empregados.

Questão 6:

Os gestores de pessoas, muitas vezes, são rotulados de parceiros empresariais.
Um dos papéis que o parceiro empresarial deve desempenhar é o de:

a) parceiro estratégico.
b) agente de conservação.
c) especialista em marketing.
d) organizador dos eventos festivos dos empregados.

Coleção Gestão de pessoas

Questão 7:

O conceito de parceria global implica uma série de papéis a serem desempenhados pelos gestores de pessoas.

A atuação adequada dos gestores de pessoas ocorre quando seu desempenho contempla:

a) principalmente, a obtenção de lucro.
b) principalmente, o papel de parceiro estratégico.
c) atender prontamente ao que sua chefia lhe determina.
d) o conjunto dos quatro papéis do parceiro empresarial.

Questão 8:

Ao empregar o *benchmarking* e traçar o diagnóstico organizacional, os parceiros estratégicos têm a possibilidade de identificar suas práticas bem como de reelaborá-las dentro da dinâmica da empresa.

Nesse sentido, ao atuarem como parceiros estratégicos, os gestores de pessoas:

a) obtêm maior eficiência dos processos de RH.
b) concebem práticas de RH que se ajustam à estratégia empresarial.
c) ajudam as organizações a identificarem um processo para administrar a mudança.
d) obtêm maior envolvimento, comprometimento e competência por parte dos funcionários.

Competências gerenciais

Questão 9:

Para John Gattorna, o alinhamento dinâmico que deve existir entre as forças de mercado e a oferta de produtos e serviços por parte da organização pode ser obtido por meio de líderes eficazes que, entendendo os valores agregados de sua empresa, conseguem moldar as subculturas de suas áreas de atuação, alinhando-as às preferências que os clientes estão demonstrando no mercado.

Segundo Gattorna, isso irá requerer ajustes em um conjunto de áreas críticas à formação de uma subcultura de grupo, entre as quais:

a) relação com clientes.
b) comunicação interna.
c) governança corporativa.
d) relação com fornecedores.

Questão 10:

Afirma-se que, se os gestores, líderes culturais, não se tornarem conscientes das culturas em que estão inseridos, estas os gerenciarão.

Sendo assim, pode-se afirmar que:

a) a definição da cultura empresarial que se alinhe às forças do mercado é de competência do RH.
b) o gestor deve moldar as subculturas de sua área de atuação à busca permanente de resultados financeiros sustentáveis.
c) a empresa deve alinhar as preferências que os clientes estão demonstrando no mercado às características de seus produtos ou serviços.
d) para moldar as subculturas de sua área de atuação, o gestor necessita entender e revisar os sistemas para que se alinhem ao contexto e se mantenham como geradores de performance.

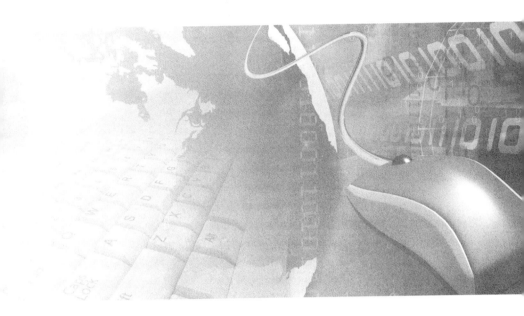

Módulo II – Lideranças nas organizações contemporâneas

Módulo II – Lideranças nas organizações contemporâneas

Neste módulo, trataremos, basicamente, do papel da liderança nas organizações contemporâneas. Abordaremos, inicialmente, como esse conceito evoluiu ao longo dos tempos – desde a visão da liderança como ações e características do líder, até a visão atual da liderança transformacional. Analisaremos a vinculação necessária entre liderança, motivação e comunicação ao buscarmos alcançar resultados em um contexto determinado.

Trabalharemos, então, com alguns elementos que são habitualmente associados à liderança – comprometimento, persuasão, visão, etc. A partir desse ponto, analisaremos os modelos de competência, focalizando, com alguns detalhes, o modelo de gestão de pessoas estratégica e integrada, articulado por competências e voltado para resultados. Trataremos, ainda, da liderança educadora, do *coaching* e da necessidade de criação de comunidades de aprendizagem.

Finalmente, abordaremos a liderança em situações de mudança de cenário. Aqui, enfatizaremos a importância do papel do líder que, dominando o uso de ferramentas utilizadas em redes sociais em meio à *cultura.com*, terá mais facilidade para transformar a empresa tradicional em uma empresa inovadora de vanguarda.

Liderança e modelos de gestão

O conceito de liderança ocupa um papel central na compreensão da dinâmica das organizações. Tal conceito evoluiu de uma visão de controle e de capacitação dos liderados para a visão de obtenção de resultados desejados pelo líder em um contexto determinado, por meio de sua influência pessoal e direcionada por seu processo de comunicação. Em qualquer uma dessas concepções, a eficácia da liderança tem sido medida por seus impactos e suas consequências nos indivíduos, nos grupos, na organização e na sociedade.

Toda empresa atua por meio de um modelo de gestão. No entanto, nem sempre esse modelo está claro na mente de seus principais executivos.

Os modelos de gestão são representações de uma realidade mais complexa. Ao longo dos anos, os modelos de gestão se adaptaram às mudanças do ambiente social, cultural, político, econômico e tecnológico, visando assegurar às empresas melhores níveis de eficácia. Segundo Quinn, Thompson, Faerman e McGrath,[33] nesse processo de adaptação, enfoques diversos predominaram em diferentes épocas dos últimos 100 anos: a ênfase no cumprimento de tarefas (modelo de metas racionais), a priorização das questões relacionais (modelo de relações humanas), o foco nas avaliações críticas dos planos vigentes (modelo de processos internos) e o predomínio das visões ampliadas para o futuro (modelo de sistemas abertos). Atualmente, ocorre a busca do funcionamento concomitante desses quatro modelos de gestão.

A figura de valores concorrentes – com os critérios de eficácia de cada modelo com relação à organização ou unidade de trabalho – é útil para especificar alguns dos valores e critérios de eficácia segundo os quais unidades de trabalho e organizações têm sido julgadas.

---

[33] QUINN, M. P. et al. *Competências gerenciais*: princípios e aplicações. Rio de Janeiro: Campus, 2004. p. 13.

Figura 5
Valores concorrentes

Cada um dos quatro modelos organizacionais na figura de valores concorrentes adota diferentes critérios de eficácia, relativos à organização ou à unidade de trabalho.

Atualmente, prevalecem as teorias contingenciais de liderança, que enfocam o processo da relação entre líder e liderado, contemplando características da personalidade dos indivíduos, comportamentos individuais e contextos situacionais. Essas teorias abrangem a relação entre liderança e resultados da cooperação entre indivíduos e grupos de trabalho, destacando o envolvimento e o comprometimento, o desempenho no trabalho, bem como o engajamento e a congruência de valores.

Mais recentemente, John Gattorna[34] aponta quais características as lideranças devem apresentar para se alinharem ao que é prioritariamente requerido pelo mercado, diretamente associado a cada um dos quatro modelos organizacionais apresentados por Quinn.

---

[34] GATTORNA, J. *Dynamic supply chains*: delivering value through people. Great Britain: Prentice Hall, 2010. p. 129.

Figura 6
CARACTERÍSTICAS NECESSÁRIAS À LIDERANÇA

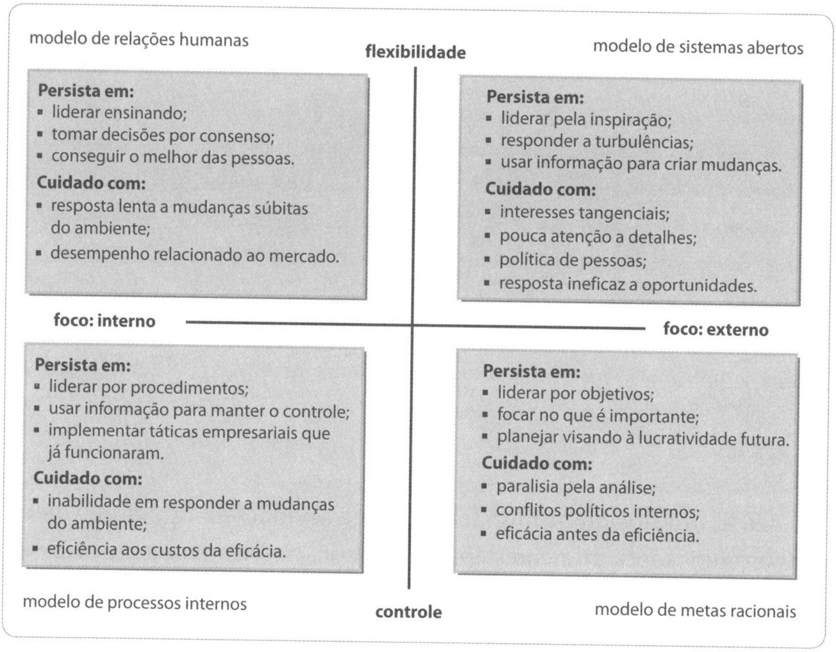

```
modelo de relações humanas          flexibilidade          modelo de sistemas abertos

Persista em:                                               Persista em:
• liderar ensinando;                                       • liderar pela inspiração;
• tomar decisões por consenso;                             • responder a turbulências;
• conseguir o melhor das pessoas.                          • usar informação para criar mudanças.
Cuidado com:                                               Cuidado com:
• resposta lenta a mudanças súbitas                        • interesses tangenciais;
  do ambiente;                                             • pouca atenção a detalhes;
• desempenho relacionado ao mercado.                       • política de pessoas;
                                                           • resposta ineficaz a oportunidades.

foco: interno ─────────────────────────────────────── foco: externo

Persista em:                                               Persista em:
• liderar por procedimentos;                               • liderar por objetivos;
• usar informação para manter o controle;                  • focar no que é importante;
• implementar táticas empresariais que                     • planejar visando à lucratividade futura.
  já funcionaram.                                          Cuidado com:
Cuidado com:                                               • paralisia pela análise;
• inabilidade em responder a mudanças                      • conflitos políticos internos;
  do ambiente;                                             • eficácia antes da eficiência.
• eficiência aos custos da eficácia.

modelo de processos internos         controle          modelo de metas racionais
```

Abordagem da nova liderança

Entre as teorias contingenciais de liderança, destaca-se a abordagem da nova liderança. Segundo Maciel:[35]

> *Esta concepção apoia-se na lógica da administração do sentido, da criação de uma realidade que é socialmente construída na interação dos atores sociais, como um processo de institucionalização daquilo que é tomado como certo e socialmente aceito e, portanto, legítimo.*

continua

---

[35] MACIEL, C. O.; HOCAYEN-DA-SILVA, A. J.; CASTRO, M. Liderança e cooperação nas organizações. *Revista de Economia e Administração*, v. 7, n. 3, p. 313-327, jul./set. 2008.

> *Esse processo se dá a partir de atividades que se tornam institucionaliza-
> das e que desenvolvem um padrão repetido de comportamento que evoca
> significados compartilhados entre os participantes.*

A abordagem da nova liderança define a necessidade de mudança, estabelece uma visão para o futuro e mobiliza os liderados a alcança-rem resultados além daqueles que seriam normalmente esperados. Nessa abordagem, os líderes são vistos como administradores do sentido que as pessoas dão àquilo que estão fazendo, e a liderança é percebida como transformacional e visionária.

Para Maciel,[36] na abordagem da nova liderança:

> *O líder é visto como alguém que define o contexto da organização através
> da articulação de como ele define a missão e os valores da organização.*
>
> *A liderança conduz à identificação dos seguidores com a causa articula-
> da pelos líderes e tende a influenciar positivamente a motivação intrín-
> seca para a realização de altos níveis de desempenho.*

A nova liderança busca conectar o indivíduo a uma ampla estrutu-ra cultural, de normas e regras de um grupo ou organização. Interação, comunicação, tratamento pessoal com o liderado e consideração indivi-dualizada são características fundamentais no exercício do líder ao tentar construir sentido no trabalho para seus liderados. Dessa forma, o líder busca garantir a cooperação e a internalização dos objetivos organizacio-nais pelo indivíduo na empresa. Nessa perspectiva, são direcionadores da liderança o *coaching* e a administração do sentido, sendo que o *coaching* relaciona-se a dar suporte a treinamento, trabalhar em grupo, dar atenção a novas maneiras de melhorar o desempenho e encorajar a resolução de

---

[36] MACIEL, C. O.; HOCAYEN-DA-SILVA, A. J.; CASTRO, M. Liderança e cooperação nas organizações. *Revista de Economia e Administração*, v. 7, n. 3, p. 313-327, jul./set. 2008.

problemas, ao passo que a administração do sentido envolve comportamentos de interação, prestação de informação e atenção individualizada.

Os estudos têm demonstrado a maior eficiência dessa forma de liderança.

Liderança carismática

Max Weber analisa a existência de líderes cuja autoridade baseia-se em um dom excepcional que é vinculado à realização de uma missão. Uma vez reconhecido esse dom, vem o reconhecimento, pelos discípulos, do dever de seguir o líder carismático, em virtude de sua credibilidade. Lívia Dutra[37] nos explica que:

> *Carisma seria um dom natural, qualidades extraordinárias e a capacidade de envolvimento de um líder isolado. Para que ocorra a liderança carismática é necessária a utilização da imagem e da presença física de um indivíduo. O líder carismático tem a facilidade para a persuasão, podendo assim dominar intelectualmente outros indivíduos. Essa capacidade é comparável à sedução, ao envolvimento emocional; dessa forma, o carismático se torna referência, parâmetro para outros indivíduos.*
>
> *Obedece-se exclusivamente à pessoa do líder por suas qualidades excepcionais e não em virtude de sua posição estatuída ou de sua dignidade tradicional; e, portanto, também somente enquanto essas qualidades lhes são atribuídas, ou seja, enquanto seu carisma subsiste.*

O principal componente do carisma é a natureza extraordinária, geralmente de caráter mágico, de uma personalidade que se supõe dotada de poderes excepcionais que a colocam acima das demais:

---

[37] DUTRA, L. *Liderança carismática*: análise da construção da imagem de Adolf Hitler nos documentários – o triunfo da vontade e arquitetura da destruição. Belo Horizonte, MG. Monografia apresentada ao Curso de Comunicação Social, do Departamento de Ciência da Comunicação do Centro Universitário de Belo Horizonte, como requisito parcial para obtenção do título de bacharel em jornalismo, UNI-BH, 2008. p. 16.

- o sucesso, associado a algum "estado de prosperidade", que proporciona à comunidade dos fiéis o surgimento do líder carismático;
- a confiança dos seguidores, que motiva um profundo sentimento de dever por parte daqueles que acreditam fielmente no carisma de alguém;
- o caráter emocional da comunidade carismática, que não conta com autoridades hierárquicas ou estabelecidas, nem dispõe de status jurídicos abstratos, o que favorece ao líder carismático um modo de dominação essencialmente irrestrito;
- a natureza basicamente irracional, desregulada, destrutiva e subversiva da dominação pelo carisma.

Muitas pessoas gostam de trabalhar e trabalham bem com líderes carismáticos.

Liderança transacional

Liderança transacional é o processo em que se busca ganhar obediência do seguidor por meio de contratos explícitos ou implícitos referentes a trocas realizadas entre o líder e o seguidor. Essas trocas – econômicas, psicológicas ou políticas – não são duradouras e continuam somente enquanto cada uma das partes acredita que elas resultarão em seu próprio benefício. Os líderes transacionais não têm seu foco na motivação intrínseca de seus seguidores. Na liderança transacional, são comuns as promessas de recompensa do tipo "faça isto e conseguirá aquilo" e a presença de ameaças disciplinares.

Os líderes transacionais:

- estão sempre alerta quanto aos erros de seus seguidores;
- não atuam preventivamente e tomam medidas corretivas após os erros terem ocorrido;
- ao entrarem em ação apenas quando as coisas vão mal, comprometem a qualidade.

Liderança transformacional

A concepção de liderança transformacional liga, fortemente, as áreas de motivação e cultura organizacional à questão da liderança. A atuação do líder articula-se à criação de uma visão de futuro para a organização. Assim, ela administra o sentido do trabalho que está sendo realizado.

Os líderes transformacionais são proativos, prestam atenção às necessidades dos seguidores, têm profundo conhecimento da organização, questionam valores e crenças e procuram aperfeiçoar tanto o desenvolvimento dos seguidores quanto o desenvolvimento da organização. Como consequência, esse tipo de liderança motiva os seguidores a trabalharem por sua própria autorrealização e por objetivos transcendentais – para os quais a recompensa mais significativa é intrínseca –, fazendo com que deixem de perseguir apenas a segurança e os objetivos de curto prazo.

Líderes transformacionais agem como líderes culturais, pois criam e interpretam as regras, os valores e as crenças que impactam o comportamento. São capazes de entusiasmar e inspirar os outros, e suas ações têm efeitos de longo prazo. Aqui, há um processo de mão dupla – do líder para o liderado e vice-versa: o líder ajuda a pensar e a desafiar ideias, a buscar motivos potenciais em seus seguidores, mas procura também satisfazer suas necessidades motivacionais de níveis mais elevados.

Assim sendo, a liderança transformacional vai além da transacional – na medida em que esta é apenas uma relação de interesses – e difere da carismática – visto que nesta não há espaço para objeções e questionamentos.

Na década de 1970, Robert Greenleaf[38] escreveu uma pequena brochura intitulada *The servant as leader*, em que desenvolveu a noção de essência da liderança enquanto intenção e ação de servir às outras pessoas e a um propósito que vai além de nós. Essa ideia, adotada por Jaworski[39] e tantos outros profissionais ligados a diversos setores da sociedade, levou à disseminação do conceito de:

---

[38] GREENLEAF, R. K. The servant as leader. In: _____. *The servant-leader within*: a transformative path. New York/Mahwah, N. J.: Paulist Press, 2003. p. 31-74.

[39] JAWORSKI, J. *Sincronicidade*: o caminho interior para a liderança. Rio de Janeiro: Best Seller, 2008. p. 79-80.

> *Liderança servidora enquanto forma de liderar servindo com compaixão e sentimento e reconhecendo que a única real autoridade para essa nova era é aquela que enriquece os participantes e aumenta o poder em lugar de diminuí-lo.*
>
> *Ela encorajaria a "liderança transformacional": liderança baseada em um forte comprometimento e em ideias visionárias amplas.*
>
> *Seria uma liderança de criação em vez de uma liderança de reação.*

Liderança, motivação e comunicação

Como conseguir que as pessoas façam aquilo que deve ser feito para que os resultados sejam alcançados? Quando estamos motivados para alcançar resultados em dado contexto, podemo-nos comunicar e agir junto aos demais, inspirando-os e influenciando-os para que se juntem a nós. Com base nessa ideia, podemos compreender liderança em um dado contexto como a influência pessoal exercida por meio dos processos de motivação (intenção) e comunicação (atenção-decisão) naquele contexto para a obtenção de resultados desejados (ação).

Gestão, informação e pessoas

Di Serio e Vasconcellos[40] apresentam um modelo de diagnóstico e intervenção nas organizações que procura integrar as dimensões da gestão (foco no modo como é feita a gestão das informações e da organização), da informação (foco em informações, tecnologia, produtos, processos e contexto) e de pessoas (foco nas ações das pessoas, que levam a resultados em contextos determinados). A ideia subjacente a esse modelo parece ser a seguinte: *intenções*, fundamentadas em necessidades, expectativas

---

[40] DI SERIO, L. C.; VASCONCELLOS, M. A. *Estratégia e competitividade empresarial*: inovação e criação de valor. São Paulo: Saraiva, 2009. p. 228.

e valores (processo de motivação), tendem a direcionar o foco da *atenção* (processo mental) para as decisões. Estas, por sua vez, seriam tomadas de modo a gerar *ações* que produziriam os resultados esperados, atendendo, assim, às intenções que lhes deram origem.

A figura 7 ilustra a interação entre os processos de motivação, decisão e ação, que configuram tanto o comportamento de pessoas quanto de grupos, unidades funcionais e organizações.

Figura 7
INTERAÇÃO ENTRE OS PROCESSOS DE MOTIVAÇÃO, DECISÃO E AÇÃO

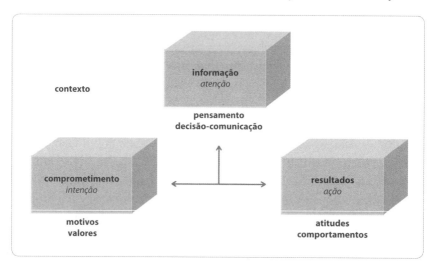

Portanto, o exercício da liderança, em um dado contexto, requer do líder conhecimento dos processos de motivação e comunicação para alcançar os resultados que almeja naquele contexto.

Conceito de liderança

Liderança, em um dado contexto, é a influência pessoal exercida a partir de uma intenção que direciona os processos de decisão e comunicação naquele contexto, desencadeando ações que geram resultados alinhados com as intenções que os originaram.

Figura 8
LIDERANÇA

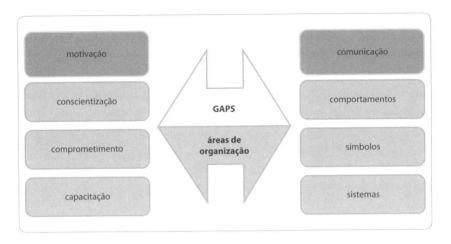

Motivação

A motivação implica a busca de algumas respostas para perguntas como: "Por que as pessoas fazem aquilo que fazem?". Ninguém pode, efetivamente, motivar ninguém. Especificamente, a motivação para o trabalho depende do sentido que a pessoa dá a ele.

A motivação funciona como um "propulsor" do comportamento das pessoas e pode ser percebida observando-se o esforço e a tenacidade exercidos pela pessoa para fazer ou alcançar algo. As condições do contexto podem facilitar ou bloquear a realização das intenções da pessoa de utilizar os recursos de que necessita para alcançar os resultados. Conhecendo-se as intenções de uma pessoa, pode-se identificar quais condições do contexto são as requeridas para que a motivação inerente à própria pessoa possa se direcionar para alcançar os resultados desejados naquele contexto. Por exemplo, um clima de criatividade produtiva pode ser incentivado com o desbloqueio da energia emocional individual, liberando as pessoas para a busca de suas realizações.

Coleção Gestão de pessoas

Tamayo, citado por Demo,[41] afirma que "seria ingênuo pensar que, ao administrar os Recursos Humanos de uma organização, o sistema de valores de seus membros possa ser ignorado".

Por essa razão, é fundamental compreendê-los, tanto para entender as intenções e motivações que direcionam suas atitudes e seus comportamentos quanto para identificar formas, estratégias e estilos de liderança e gestão mais adequados. O importante é a congruência entre valores organizacionais adotados e compartilhados, traduzidos em práticas organizacionais que reforcem a participação e acordos baseados no entendimento, entre os *stakeholders*, sobre as decisões que afetam suas vidas.

Mesmo conhecendo os perigos do autoengano, podemos fazer inferências sobre as intenções de uma pessoa aos sugerir que responda a perguntas como as apresentadas a seguir:

- Em quais aspectos você tem se destacado?
- Como seu desempenho tem sido percebido?
- Qual é o lugar que deveria ocupar ou que desejaria ocupar?
- Quais necessidades você tem atendido em sua área de atuação?
- Qual é o valor que você, com suas entregas, tem agregado à organização?
- Que problemas tem procurado resolver?
- Que resultado precisaria alcançar para "fazer a diferença"?
- Quais são seus valores? E seu modo de agir?
- Como poderia dar uma contribuição melhor do que a atual?
- Com que, então, estaria contribuindo?
- Onde e quando obteria resultados significativos, visíveis, que pudessem "fazer a diferença"?
- Como você se percebe em seus relacionamentos?
- O que, então, deveria passar a fazer?
- Onde e como começar?
- Com que metas e prazos?

Dessa forma, podemos – nós e a pessoa questionada – analisar as respostas, visando auxiliá-la em seu desenvolvimeno pessoal e profissional.

---

[41] TAMAYO apud DEMO, G. *Políticas de gestão de pessoas nas organizações*: papel dos valores pessoais e da justiça organizacional. São Paulo: Atlas, 2005. p. 22.

Comprometimento

O comprometimento pode ser visto como uma forte relação entre um indivíduo identificado e envolvido com uma organização devido a três fatores principais: disposição para realizar um esforço considerável em benefício da organização; crença e aceitação de valores e objetivos da organização; e um forte desejo de se manter como membro da organização.

Na perspectiva de Meyer e Allen,[42] há três tipos de comprometimento: comprometimento como apego (afetivo), comprometimento para evitar o custo que resulta da decisão de deixar a organização (instrumental) e comprometimento como uma obrigação de permanecer na organização (normativo).

Uma pergunta importante a ser feita para uma pessoa da qual se deseja conhecer suas intenções é a seguinte: "Como tem sido seu comprometimento com a organização?"

Capacitação

Quanto à capacitação da pessoa, é oportuno fazer os seguintes questionamentos:

- Qual é seu nível atual de conhecimento em seu campo específico de atuação?
- O que você está fazendo para se manter atualizado?
- Que outras áreas de conhecimento você busca conhecer?
- Quais são as habilidades que você tem atualmente?
- Que habilidades serão necessárias no futuro, mas que você ainda não tem?
- Até que ponto você está disposto a melhorar, de modo sistemático, suas habilidades?
- Quais são suas atitudes em relação ao trabalho? Com relação à vida? Com relação a aprender? Com relação a si mesmo, suas capacitações, suas oportunidades de contribuir?

---

[42] ALLEN, N. J.; MEYER J. P. The measurement and the antecedent of affective, continuance and normative commitment to the organization. *Journal of Occupational Psychology*, v. 63, p. 1-18, 1990.

- Existem atitudes e paradigmas mais produtivos que você poderia abraçar e que o ajudariam a obter resultados melhores?
- Quais são seus talentos?
- Qual é a melhor e mais ampla utilização de seus talentos?
- Como você pode maximizar seus talentos?
- Que talentos latentes você pode, eventualmente, ter que não desenvolveu ainda?
- Quão eficiente é seu estilo atual de abordar problemas, oportunidades e interagir?
- Sua abordagem habitual mais facilita ou atrapalha aquilo que precisa ser feito?
- Como você pode melhorar a maneira de fazer as coisas?
- Quais são suas predisposições nas atitudes e nos comportamentos, delineadas por seus hábitos e suas rotinas?

Comunicação

A comunicação implica a utilização de mensagens que contemplem as três áreas já apresentadas, adequadas aos propósitos que se deseja alcançar.

Figura 9
COMUNICAÇÃO

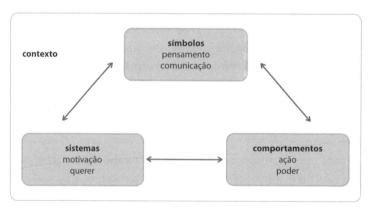

Competências requeridas pela liderança

Muitas empresas têm investido em trabalhos relacionados ao modelo de atributos da liderança visando a desenvolver líderes eficazes, identificar as necessidades dos líderes em termos de ser, saber e fazer, assim como proporcionar o sucesso – pressupondo, naturalmente, o poder e o querer.

Segundo Ulrich, Zenger e Smallwood,[43] a maioria dos itens que compõem modelos de atributos – caráter pessoal, conhecimento e comportamentos – agrupam-se em quatro amplas categorias de competências, isto é, definição da trajetória, busca do comprometimento, desenvolvimento das capacidades organizacionais e demonstração de caráter pessoal.

Definição da trajetória

Os líderes posicionam suas organizações no rumo do futuro, com vistas à criação de uma identidade única e à geração de valores para todos os que dela participam. Para isso, devem reconhecer e compreender, pelo menos, três elementos: eventos externos, foco no futuro e conversão da visão em ação. Ora, devemos seguir no rastro do futuro, levando em conta que antecipar o futuro envolve previsão e equilíbrio de numerosas influências – por exemplo, clientes, tecnologia, legislação, concorrência, investimentos, etc. Nessa jornada, como aponta Maria Luiza Mendes Teixeira,[44] "o líder deve trabalhar na construção de um agir digno, no âmbito das organizações de negócios, nas relações com seus *stakeholders* diretos ou indiretos, em prol da construção da dignidade organizacional".

---

[43] ULRICH, D.; ZENGER, J.; SMALLWOOD, W. N. *Results-based leadership*. Boston: Harvard Business Press, 1999.

[44] TEIXEIRA, M. L. M. *Dignidade organizacional*: valores e relações com *stakeholders*. São Paulo: Senac, 2008. p. 82.

Busca do comprometimento

Mediante o envolvimento e o comprometimento das pessoas, os líderes convertem visão em ação. Eles traduzem, em cada empregado, aspirações em comportamentos e em ações do dia a dia. Portanto, devem ser o exemplo vivo da nova conduta que desejam imprimir e ser transparentes em suas iniciativas e atitudes concretas, cultivando, assim, um alto padrão de ética pessoal e profissional.

Sob essa ótica, para engajar os empregados, os líderes devem investir tempo, energia e foco no desenvolvimento de pessoas e equipes, construindo relacionamentos de cooperação e compartilhamento de informações. Devem, ainda, auxiliar as pessoas a perceberem o valor que suas contribuições agregam à consecução dos objetivos da organização, além de manejar o estresse ambiental, assumindo – e não negando – os conflitos. Líderes devem gerar credibilidade e inspirar confiança. Em suma, líderes precisam ser enérgicos, mas sem serem despóticos.

Cabe também ao líder:

- crescer, bem como permitir e promover o crescimento dos que o acompanham;
- tornar o trabalho significativo para as pessoas;
- estar atento para que as esperanças e os anseios de sua equipe façam parte do trabalho;
- levar a sério a relação entre vida e trabalho, entre motivação e desempenho;
- criar o ambiente adequado ao desenvolvimento da equipe, permitindo a alegria, promovendo a iniciativa e a espontaneidade;
- promover também o desenvolvimento dos processos, das práticas e das atividades que criam valor para a organização.

Em outras palavras, os líderes devem traduzir a trajetória da empresa rumo ao futuro, por meio do estabelecimento de diretrizes, visões e práticas, da conversão de propósitos em processos, etc.

Desenvolvimento das capacidades organizacionais

Para promover o desenvolvimento dos processos, das práticas e das atividades que criam valor para a organização, os líderes devem demonstrar, pelo menos, as seguintes habilidades:

- construir a infraestrutura organizacional – isto é, integrar e prover de recursos, coordenar equipes, formar lideranças locais, alinhar organização às estratégias, difundir informações, comprometer-se com o longo prazo, estimular e apoiar;
- alavancar a diversidade – ou seja, compreender e aceitar a diversidade, sentir-se à vontade com a força dos liderados, integrar diferentes culturas, setores, disciplinas, resolver conflitos, promover parceria e cooperação e utilizar o pleno potencial dos liderados;
- organizar e posicionar equipes – desenvolver equipes autogerenciáveis, selecionar talentos, proporcionar *feedbacks* e apoiar;
- promover as mudanças – fazer acontecer, gerenciar a ansiedade decorrente das mudanças, buscar oportunidades mediante confronto e questionamento do *status quo*, experimentar e assumir riscos, aprender com erros e sucessos, simplificar métodos para a melhoria contínua, antecipar-se às mudanças, utilizar insumos e ideias alheias como estímulo à mudança.

Demonstração de caráter pessoal

Os empregados precisam ter uma clara percepção de que podem confiar em seu líder e relacionar-se francamente com ele, sentindo-se apoiados e enxergando-o como uma fonte de segurança.

Demonstrada na coerência do pensamento, da fala e da ação, a credibilidade do líder é construída na integridade, na consistência, na capacidade de inspirar os demais, na ética e na justiça. Isso será mais facilitado quando o líder tem como propósitos:

- buscar oportunidades de aprendizado e de autoconhecimento;
- manter a coragem, evitando ceticismos e prejulgamentos;
- manter-se aberto a críticas e a questionamentos;

- viver os valores com a prática do discurso;
- agir com integridade e liderar com exemplos;
- ampliar conhecimentos sobre o negócio e seu contexto mais amplo;
- aprimorar a autoconfiança, geradora da credibilidade;
- buscar um comportamento consistente em seus relacionamentos;
- promover parcerias que agreguem valor aos resultados esperados;
- estimular a autoestima e o desenvolvimento nas pessoas para que superem as dificuldades do aprendizado e da mudança;
- manter a mente aberta ao lidar com ambiguidades e contradições;
- manter-se humilde, empático e receptivo às informações de fora de seu referencial;
- experimentar abordagens criativas e inovadoras, considerando alternativas intuitivas e racionais na solução de situações complexas.

Para Stephen Covey,[45] o líder deve saber que a confiança muda tudo. Se faltar, destruirá o governo mais poderoso, o negócio mais bem-sucedido, a economia mais próspera, a liderança mais influente, a maior amizade, o caráter mais forte, o amor mais profundo. Por outro lado, se desenvolvida e estimulada, tem o potencial de criar sucesso e prosperidade sem precedentes em todas as dimensões da vida. Apesar de tudo, a confiança ainda é pouco entendida e muito negligenciada e subestimada em nossos tempos.

Modelo de competências voltado para resultados

O desenvolvimento de líderes é responsabilidade, principalmente, do mais alto executivo da organização. É esse executivo que tem como tarefa preparar uma futura geração que supere os resultados da atual. Contudo, cabe também a toda a liderança da empresa um compromisso com essa responsabilidade.

Ao tratarmos do tema da formação de lideranças, tendemos a analisar o desenvolvimento de competências – conhecimentos, habilidades e comportamentos – com um enfoque voltado para resultados.

---

[45] COVEY, S. M. R. *O poder da confiança*: o elemento que faz toda a diferença. Rio de Janeiro: Campus, 2008.

Para a obtenção dos resultados desejados, é necessário que o líder tenha clara compreensão da estratégia de negócios, das habilidades culturais e dos estilos de liderança requeridos para suportá-la, bem como de uma quantidade razoável de resiliência e perseverança na produção de resultados sustentáveis.

Fernandes[46] apresenta uma metodologia para mapear e alinhar competências e desempenho organizacional, relacionando esses elementos ao *balanced scorecard*. Essa metodologia utiliza um sistema de avaliação de desempenho com indicadores de performance relevantes em todas as perspectivas organizacionais do *balanced scorecard*, que contemplam, em equilíbrio, quatro áreas de resultados:

- segundo a perspectiva do aprendizado e conhecimento;
- segundo a perspectiva dos processos internos;
- segundo a perspectiva dos clientes;
- segundo a perspectiva financeira.

Essas quatro áreas de resultados podem ser vistas no mapa causal de um *balanced scorecard*, adaptado de Kaplan e Norton[47] por Fernandes, que é apresentado na figura 10:

---

[46] FERNANDES, B. H. R. *Competências & desempenho organizacional*: o que há além do *balanced scorecard*. São Paulo: Saraiva, 2006. p. 94.

[47] KAPLAN, R. S.; NORTON, D. P. The balanced scorecard – measures that drive performance. *Harvard Business Review*, Boston, v. 70, n. 1, 1992.

Figura 10
MAPA CASUAL DE UM *BALANCED SCORECARD*

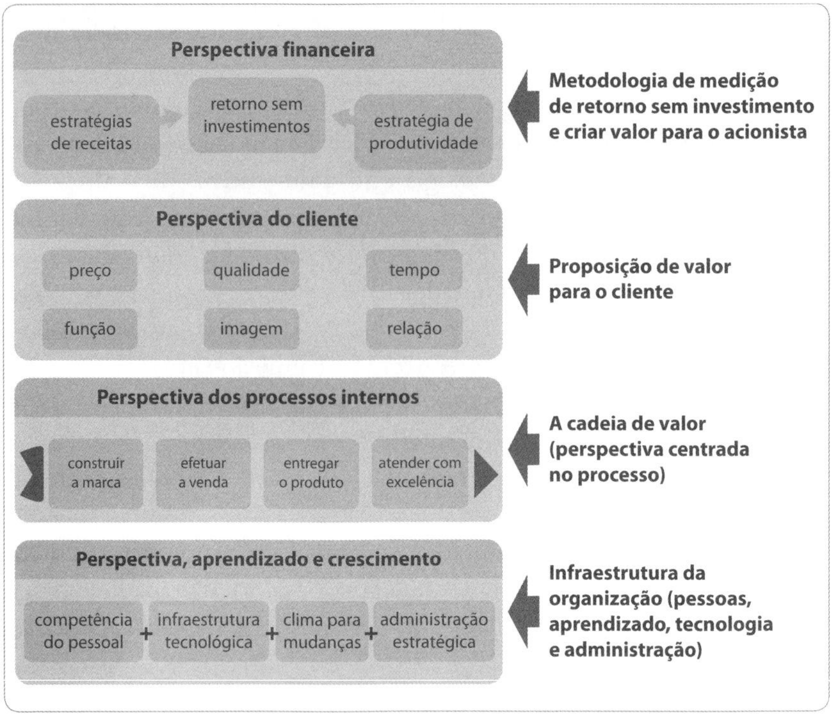

Perspectiva financeira

estratégias de receitas | retorno sem investimentos | estratégia de produtividade

→ Metodologia de medição de retorno sem investimento e criar valor para o acionista

Perspectiva do cliente

preço | qualidade | tempo
função | imagem | relação

→ Proposição de valor para o cliente

Perspectiva dos processos internos

construir a marca | efetuar a venda | entregar o produto | atender com excelência

→ A cadeia de valor (perspectiva centrada no processo)

Perspectiva, aprendizado e crescimento

competência do pessoal + infraestrutura tecnológica + clima para mudanças + administração estratégica

→ Infraestrutura da organização (pessoas, aprendizado, tecnologia e administração)

Ao pontuarmos essas áreas, obtemos a contribuição relativa de cada uma delas para o resultado final.

A vinculação direta entre competências e resultados amplia o horizonte de visão dos líderes sobre seu papel na organização, facilitando sua tarefa de formação de novos líderes. Podemos articular competências por meio de dois processos, isto é, partindo das competências em direção aos resultados e partindo dos resultados em direção às competências.

Quando as competências se articulam, explicitamente, aos resultados, os líderes têm maior percepção sobre o que devem realizar e sobre como alcançar as metas. As competências devem-se alinhar com as estratégias requeridas para se lidar com as forças do mercado. Nesse ponto, devemos lembrar que, dependendo do cargo, do nível e das necessidades do líder, a mesma competência pode evocar diferentes respostas ao *para quê?*

O primeiro passo para, partindo das competências, chegarmos aos resultados almejados, é identificá-las: o que o líder deve ser, saber e fazer. Para tal, podem ser procuradas respostas às seguintes perguntas:

- Para que essa competência é importante?
- Qual o valor que nós entregamos com essa competência?
- Que necessidades procuramos atender ou que problemas procuramos resolver com essa competência?
- A utilização dessa competência me tornará capaz de produzir o resultado almejado?

Além disso, os líderes precisam saber que fatores contribuíram para o alcance dos resultados almejados, de modo a repetirem esses resultados – ainda que alguns tenham sido obtidos por acaso. Às vezes, o conhecimento de como se conseguiu atingir um resultado é mais importante do que o próprio resultado. Para chegar às competências partindo dos resultados, devemos começar pela seguinte pergunta:

- Por meio de qual competência o líder alcança aquele resultado almejado?

Os líderes devem fazer uma avaliação realista das competências mais difíceis e empreender um esforço especial para seu desenvolvimento. Para tanto, devem enfrentar, com honestidade, sua inadequação quanto a seu nível de domínio desejado em tais competências. Desse modo, podem descobrir meios para desenvolvê-las ou adquiri-las.

Papéis da liderança

Ao analisarmos os quatro modelos de gestão[48] – modelo de metas racionais, modelo de relações humanas, modelo de processos internos e modelo de sistemas abertos –, identificamos as três principais competências associadas a cada papel do quadro de valores concorrentes e os oito papéis da liderança quando estão ocupando cargo em posições:

---

[48] QUINN, M. P. et al. *Competências gerenciais*: princípios e aplicações. Rio de Janeiro: Campus, 2004. p. 25.

A) Papel de mentor:

- compreensão de si mesmo e dos outros;
- comunicação eficaz;
- desenvolvimento dos empregados.

B) Papel de facilitador:

- construção de equipes;
- uso do processo decisório participativo;
- administração de conflitos.

C) Papel de monitor:

- monitoramento do desempenho individual;
- gerenciamento do desempenho e processos coletivos;
- análise de informações com pensamento crítico.

D) Papel de coordenador:

- gerenciamento de projetos;
- planejamento do trabalho;
- gerenciamento multidisciplinar.

E) Papel de diretor:

- desenvolvimento e comunicação de uma visão;
- estabelecimento de metas e objetivos;
- planejamento e organização.

F) Papel de produtor:

- trabalho produtivo;
- fomento de um ambiente de trabalho produtivo;
- gerenciamento do tempo e do estresse.

G) Papel de negociador:

- construção e manutenção de uma base de poder;
- negociação de acordos e compromissos;
- apresentação de ideias.

H) Papel de inovador:

- convívio com a mudança;
- pensamento criativo;
- gerenciamento da mudança.

Liderança educadora

As empresas vencedoras são aquelas capazes de construir líderes para a era do conhecimento.

Necessitamos de líderes capazes de criar condições para fazer surgir a liderança em outros, identificando e cultivando talentos em todos os níveis. Especialmente em tempos de inovação e mudança, a responsabilidade dos líderes que formam líderes deve ser compartilhada por toda a liderança da organização.

Liderando pelo exemplo e diante do fracasso, os líderes devem investigar, buscar respostas para as seguintes perguntas:

- O que não funcionou?
- Por quê?
- Como?
- O que deveria ser feito diferente agora?

Tais perguntas também devem ser respondidas em face do sucesso para que possamos identificar suas razões no contexto em que elas ocorreram.

Liderança e processos de mudança

Muitos de nós já vivenciamos, em nossa vida profissional, o impacto, na cultura e no clima da empresa em que trabalhamos, da vinda de um novo diretor, o qual traz suas experiências, seus valores, suas crenças, enfim, sua personalidade – bastante distinta da personalidade de quem lá estava.

Dado que os líderes são os transmissores mais influentes da organização, em uma situação como essa, para alinhar-se com a organização, o novo executivo utiliza suas habilidades, seu poder e sua influência de forma a afetar, significativamente, a cultura. Isso se faz necessário para que todos compreendam, claramente, suas diretrizes para a realização das estratégias do negócio. Sem essa sintonia, os esforços se tornam fragmentados, e as pessoas e as equipes tomam caminhos diversos.

Em momentos de transição – como esse e muitos outros –, a liderança formal das organizações tem um papel fundamental na obtenção do sucesso. O acesso fácil à informação, o poder mobilizador das redes sociais e os impactos do *e-business* exigem a intervenção direta e rápida das lideranças da organização.

Liderança informal

A liderança informal, principalmente em função das facilidades de acesso às informações por meio das mídias digitais, difere bastante das lideranças encontradas em grande parte das empresas tradicionais. Nestas, a administração tem sido habitualmente realizada por meio de comando, controle e decisões centralizadas nos níveis mais altos da hierarquia, e a iniciativa tem sido inibida pela crítica, pelo medo de aceitar riscos e de ser punido pelos resultados. Embora muitas empresas ainda convivam com o ranço dessa cultura, ele tende a desaparecer com a disponibilização das ferramentas da *web*.

O novo cenário exige que a liderança – e as responsabilidades – seja dividida e estendida para os níveis da organização.

Como informações e constantes inovações são fortes marcas do ambiente *e-business*, todos devem poder usar suas habilidades e seus conhecimentos e ser capazes de assumir riscos diariamente. Em suma, no mundo interconectado, liderança é responsabilidade de todos.[49]

Transmissão de princípios

Transmitir os princípios norteadores do negócio é atividade essencial das lideranças da organização. Quando isso é feito, todos sabem o que fazer sem ter de recorrer a orientações e autorizações superiores, bem como conhecem os valores da organização e podem explicar o que esses valores significam no dia a dia de suas atribuições.

Devido à necessidade de velocidade e tomada de decisões independentes, esses princípios tornam-se particularmente importantes na cultura do *e-business*. Os líderes que já experimentaram o sucesso são os primeiros a transmitir, incansável e regularmente, os novos valores pela organização e o fazem até que esses valores sejam assimilados por todos. Outra preocupação desses líderes relaciona-se com a coerência entre suas palavras e ações, para que as pessoas acreditem e compreendam a amplitude e a importância das mensagens que lhes são passadas.

Todos esses princípios atuam como um guia interno – em contraste com a direção externa, que é estabelecida por meio da divulgação de metas, as quais sinalizam o futuro da organização. Nesse ponto, vale ressaltar que tanto princípios como metas devem ser coerentes com a cultura corporativa e ter sentido para as pessoas.

Foco da atenção e senso de urgência

Outro item importante a ser observado pela liderança é em que ela concentra sua atenção, na medida em que as pessoas a observam e ficam atentas a seu foco, passando a atentar para as mesmas coisas. Sabendo disso, sua atenção deve-se concentrar em ações que apoiem as estratégias de negócios e os princípios norteadores.

---

[49] COSTA, L. et al. Redes: uma introdução às dinâmicas da conectividade e da auto-organização. *WWF*, 2003. Disponível em: <www.dominiopublico.gov.br/download/texto/et000023.pdf>. Acesso em: 4 nov. 2011.

Como mudanças e transições culturais podem gerar crises na organização, cabe aos líderes a reação, que deve ser coerente com a essência da cultura organizacional. O objetivo, nesse caso, é criar um senso de urgência, de maneira a inspirar também a reação de todos. Tal senso de urgência cria-se com iniciativas audaciosas, medidas que sinalizem a existência da crise e do perigo, substituindo a acomodação. Isso requer habilidade dos líderes. Novamente, na cultura do *e-business*, esse senso é particularmente relevante.

Um aspecto fundamental e que favorece a obtenção de comprometimento refere-se ao modo como o líder sinaliza suas convicções por meio da alocação de recursos – tempo, dinheiro, pessoas competentes, equipamentos, etc. A alocação de recursos deve-se basear tanto na estratégia de negócios quanto nas condições do momento e nas oportunidades.

Líderes como modelos de comportamento

O líder de pessoas é também um líder cultural que modela a cultura da organização por meio de mensagens e do modelo de gestão que utiliza. Os líderes devem exibir os modelos de comportamento a serem seguidos pelas pessoas. Quando seu estilo condiz com o da cultura organizacional requerida para suportar o alinhamento com a estratégia do negócio e viver, de forma transparente, os valores da organização, eles impulsionam as pessoas a seguirem seus exemplos.

Estilos pessoais

Gestores diretivo-administradores e democrático-inspiradores

E-business exige, em geral, mais liderança que gerenciamento. Gestores diretivo-administradores controlam pessoas e projetos; gestores democrático-inspiradores criam condições que envolvem e motivam pessoas.

No mundo interconectado, o poder e a autoridade formal raramente funcionam. O papel da liderança passa por grandes transformações, muito diferente de como era no mundo da abordagem do comando e do controle. Do ponto de vista logístico, do monitoramento de detalhes do trabalho e do controle sistemático, o modo tradicional de gerenciar torna-se inviável. Estilos informais e equipes autogerenciadas tendem a predominar.

Com isso, em vez de gestores apenas eficientes, voltados para fazer as coisas do modo certo, as organizações devem contar com gestores também eficazes, voltados para fazer as coisas certas, obter resultados a partir do alinhamento entre cultura e estratégia, e entregar os produtos e serviços demandados pelo mercado.

A partir da influência de nossos genes e de contextos mais recentes, nossos reflexos se espelham no modo particular de como:

- tende a ser nossa visão da realidade;
- geralmente funcionam nossa percepção e ação, nos papéis de gestores participativos/inspiradores ou diretivos/administradores;
- inspiramos confiança no relacionamento interpessoal habitual.

No quadro 4, adaptado de Hickman,[50] são abordadas algumas características de gestores democrático-inspiradores, em contraste com as de gestores diretivo-administradores:

Quadro 4
GESTORES DEMOCRÁTICO-INSPIRADORES E DIRETIVO-ADMINISTRADORES

Gestores democrático-inspiradores	Gestores diretivo-administradores
São conceituais:	São práticos:
<ul><li>enxergam oportunidades;</li><li>perseguem visões;</li><li>implementam estratégias;</li><li>inspiram;</li><li>concedem;</li><li>criam;</li></ul>	<ul><li>consideram ameaças;</li><li>seguem versões;</li><li>formulam estratégias;</li><li>ensinam;</li><li>controlam;</li><li>copiam;</li></ul>

continua

---

[50] HICKMAN, C. *Mente de administrador, alma de líder*. São Paulo: Record, 1991.

Coleção Gestão de pessoas

Gestores democrático-inspiradores	Gestores diretivo-administradores
▪ proagem; ▪ repensam; ▪ revolucionam; ▪ pensam lateralmente; ▪ são otimistas; ▪ seguem sonhos; ▪ residem no futuro; ▪ buscam resultados de longo prazo; ▪ exigem o melhor.	▪ reagem; ▪ reorganizam; ▪ aperfeiçoam; ▪ pensam logicamente; ▪ são céticos; ▪ cumprem obrigações; ▪ vivem no presente; ▪ buscam resultados de curto prazo; ▪ querem o bom.
São flexíveis: ▪ correlacionam variáveis; ▪ identificam problemas; ▪ buscam parceiros; ▪ perseguem a unidade; ▪ conservam pessoas; ▪ prosperam na crise; ▪ polarizam opiniões; ▪ ensaiam; ▪ usam confrontação; ▪ deixam que outros assumam; ▪ gostam da informalidade; ▪ buscam o potencial.	São determinados: ▪ isolam variáveis; ▪ buscam soluções; ▪ percebem rivais; ▪ buscam uniformidade; ▪ liberam pessoas; ▪ almejam estabilidade; ▪ buscam acordos; ▪ planejam; ▪ usam diplomacia; ▪ assumem; ▪ gostam da formalidade; ▪ examinam o desempenho.
São independentes: ▪ arriscam ativos.	São dependentes: ▪ conservam ativos.
São empáticos: ▪ esboçam estratégias amplas; ▪ atendem clientes;	São racionais: ▪ delineiam estratégias incrementais; ▪ servem mercados;

continua

Competências gerenciais

Gestores democrático-inspiradores	Gestores diretivo-administradores
• constroem sobre pontos fortes; • usam a influência; • focam pessoas; • fornecem exemplos; • buscam o comprometimento; • têm atenção abrangente; • procuram a simplicidade; • perguntam o porquê; • lutam pela igualdade; • tendem para a arte; • satisfazem pessoas; • buscam o intangível.	• atuam sobre pontos fracos; • exercem autoridade; • focam programas; • formulam políticas; • buscam consistência; • têm atenção focada; • lidam com a complexidade; • perguntam como; • perpetuam hierarquia; • tendem para a ciência; • remuneram pessoas; • perseguem o tangível.

O quadro 5 destaca alguns dos principais aspectos diferenciadores dos gestores democrático-inspiradores e diretivo-administradores:

Quadro 5
PRINCIPAIS ASPECTOS DIFERENCIADORES DOS GESTORES DEMOCRÁTICO-INSPIRADORES E DIRETIVO-ADMINISTRADORES

Gestores democrático-inspiradores	Gestores diretivo-administradores
Produzem mudanças que agregam valor.	Controlam a complexidade.
Estabelecem a direção para a mudança construtiva e cocriativa.	Gerenciam planejando, elaborando e controlando os custos e o orçamento.
Fazem acontecer as mudanças, oferecendo uma visão do que é possível e de como consegui-lo.	Trazem ordem e consistência para o trabalho dentro do sistema em andamento.

continua

Gestores democrático-inspiradores	Gestores diretivo-administradores
Têm sua atenção focada no significado dos eventos e das decisões para as pessoas envolvidas.	Têm sua atenção focada em como as coisas são feitas.
Focam no alinhamento das pessoas: ■ comunicam a direção; ■ alcançam um entendimento comum da visão; ■ comprometem-se em atingir a visão.	Desenvolvem a habilidade de executar por meio da organização e contratação, colaborando para a previsibilidade dos resultados.
Influenciam pessoas para que alcancem metas e objetivos.	Responsabilizam-se pelo desempenho e pela produtividade.
Inspiram, energizam e criam contextos motivadores: ■ mantêm as pessoas na direção certa apesar dos obstáculos à mudança; ■ levam as pessoas à inovação; ■ promovem a realização do potencial integral dos seguidores.	Garantem que os planos sejam cumpridos controlando e resolvendo problemas: ■ apoiam-se em estruturas, sistemas e métodos; ■ corrigem desvios do planejamento; ■ identificam passos formais.

Estilos básicos

Segundo Gurdjieff,[51] há três tipos de pessoas. Cada um desses tipos apresenta uma preferência específica – por gente, por ideias ou por ação. Considerada essa premissa, foram delineados três estilos básicos: o estilo afetivo, o estilo mental e o estilo ativo. Reconhecê-los em nós mesmos e

---

[51] GURDJIEFF, G. I. *Relatos de Belzebu a seu neto*: do todo e de tudo – Primeira série. São Paulo: Horus Editora, 2002.

nas pessoas com quem nos relacionamos facilita nossa comunicação e o exercício da liderança de resultados.

Estilo afetivo

O propósito básico de pessoas do estilo afetivo é promover uma interação saudável com outras pessoas. Elas se orientam para a compreensão da natureza humana, gostam de pessoas, atuam mais no domínio afetivo-emocional, e valorizam o relacionamento, as emoções, as intuições, os sentimentos e as aspirações.

Podemos identificar as seguintes tendências entre as pessoas de perfil afetivo:

A) Perfil relacional:

- é hábil na comunicação social, fácil de abordar, estimulante;
- é positivo, otimista, amigável, caloroso, persuasivo, sedutor;
- entende intuitivamente o outro;
- gosta de contar estórias e metáforas, bate papos;
- é próximo do interlocutor, gesticula, olha, escuta;
- ajuda, opina;
- enfatiza e promove seu trabalho, conta seus sucessos;
- pode dramatizar a expressão da emoção e demonstrar instabilidade emocional;
- pode sacrificar os próprios interesses para satisfazer o outro;
- tem baixa tolerância a críticas (teme a rejeição).

B) Perfil motivacional:

- identifica-se emocionalmente com o trabalho;
- aprecia situações/atividades conectadas a valores fortes e nas quais possa colocar a sensibilidade;
- respeita as pessoas em suas particularidades e fraquezas, e possibilita maior justiça;
- quer sucesso, admiração, causar boa impressão, ser modelo;
- é um bom gerador de ideias para outros implementarem;

Coleção Gestão de pessoas

- suporta pressão e estresse;
- precisa ser escutado, apreciado e estimado (como reconhecimento de sua competência relacional e generosidade);
- despreza regras, demonstra tédio em relação a procedimentos e rotina;
- é romântico, entusiasmado, pode ter dificuldade para perceber riscos potenciais;
- pode criar projetos impossíveis ou desviar projetos a seu gosto para caminhos não úteis à empresa.

C) Perfil de decisão/solução de problemas:

- busca soluções ideais;
- observa, especula, interpreta dados, debate, promove criatividade;
- é imaginativo, lida com muitas ideias, coleta informações, compartilha ideias, projetos e o entusiasmo de ter imaginado algo;
- negocia solução de meio-termo, partilha diferenças, troca concessões, busca posição intermediária;
- aprende rápido;
- tem dificuldade de dizer não;
- relega detalhes mais "pesados";
- dedica-se muito à procura de soluções perfeitas;
- pode buscar desnecessariamente o conflito (pela emocionalidade/impulsividade).

D) Perfil de liderança:

- orienta-se para a relação;
- compreende pessoas;
- trabalha com elas e por meio delas;
- forma equipe, coordena;
- é político;
- encoraja, aconselha, apoia, ajuda, desenvolve pessoas;
- projeta confiança;
- desencadeia competição na equipe;
- sabe vender a equipe, sua competência e seu trabalho;
- delega, dá autonomia;

Competências gerenciais /

- controla mal o que delega;
- exerce influência pelo espírito e trabalho de equipe.

Estilo mental

Pessoas do estilo mental têm como propósito básico desenvolver uma clara visão do significado da vida, orientando-se para o conhecimento objetivo das pessoas e da realidade. Nesse sentido, gostam de ideias, atuam mais no domínio teórico-mental e valorizam o pensamento, a objetividade, as articulações e as decisões.

Podemos identificar as seguintes tendências entre pessoas do estilo mental:

A) Perfil relacional:

- é reservado, prudente, aborda os convenientes da situação;
- quer informações e detalhes;
- limita-se conforme os riscos avaliados;
- supre com informações técnicas;
- é preciso, lacônico;
- é mais distante das pessoas fora de seu grupo;
- tem senso do compromisso, evita conflitos, confrontos e temas controversos;
- esconde emoções;
- tende a ignorar críticas.

B) Perfil motivacional:

- é identificado com trabalhos de apelo mental, estimulado pela competição intelectual;
- quer oportunidade de aprender, exercitar a capacidade de análise e a inteligência;
- busca aperfeiçoamento e tudo que agregue qualidade e melhoria da competência;
- prefere instruções claras, curtas, trabalhos bem definidos, estruturados;
- aceita bem normas rígidas e bem documentadas;

Coleção Gestão de pessoas

- quer oportunidades para aplicar seu conhecimento e sua experiência;
- deseja passar imagem de *expert*;
- orienta-se para o sucesso;
- é estimulado pela aprovação social e de superiores;
- deseja reconhecimento de sua *expertise*;
- busca recompensa financeira, estabilidade, futuro seguro;
- gosta que respeitem seu ritmo próprio.

C) Perfil de decisão/solução de problemas:

- busca soluções científicas – "o melhor modo";
- é perfeccionista, prescreve, corrige;
- é hábil nos detalhes, prudente, sistemático, apoia-se na tradição e nos fatos;
- planeja, estabiliza, estrutura, constrói modelos;
- é atento a números e padrões, métodos, planos, resultados concretos;
- foca o funcionamento lógico das coisas;
- destaca a realidade e os recursos;
- controla e audita;
- tende a evitar riscos e a seguir rotinas;
- é disciplinado, consciencioso, cumpre regras e diretrizes provadas;
- gera eficiência, qualidade, melhoria contínua;
- aprende no plano intelectual;
- precisa de responsabilidades decisórias fixadas;
- decide racionalmente, depois de fundamentação lógica;
- relega valores e subjetividades;
- pode deixar a situação se agravar por evitar confronto;
- suporta mal a implementação.

D) Perfil de liderança:

- não gosta de comandar nem ser comandado;
- motiva-se mais como consultor do que como realizador;
- é inflexível, guiado pela consciência e pelo método;
- tem medo do erro e pode comprometer a criatividade, a inovação e a realização das aspirações da equipe;

Competências gerenciais /

- funciona bem em uma atmosfera harmônica, estável, estruturada e com funções e responsabilidades claras e precisas;
- atribui resultados ao conjunto da equipe;
- exerce influência pela filosofia que prega.

Estilo ativo

Pessoas do estilo ativo intencionam, basicamente, gerar movimento e direcionar esforços para realizar mudanças, estabelecer metas e estimular o emprego da energia. Tais pessoas orientam-se para a criatividade e para a realização, gostam de ação, atuam mais no domínio ativo-instintivo e valorizam a reação espontânea, a expressão, a percepção direta e a liberdade.

Podemos identificar as seguintes tendências entre pessoas do estilo ativo:

A) Perfil relacional:

- tende a ser direto, afirmativo, a dar ordens, usar autoridade;
- é preciso e detalhista, diz o que acha justo, parece saber o que as pessoas devem comprar e o que querem vender;
- é objetivo, autoconfiante, convencido de que tem razão, porém aberto a críticas;
- pode ser brusco e enérgico – seu discurso tem o tom do ensinamento ou do sermão;
- mostra superioridade por meio de postura de segurança e autoridade;
- pode concentrar-se demais em seu processo criativo e argumentar com base só em sua visão.

B) Perfil motivacional:

- envolve-se com situações novas e desafiadoras que requeiram iniciativa e tomada de decisão;
- deseja espaço para a autoexpressão – criar, transformar, solucionar problemas;
- quer oportunidade de criar futuro positivo;

Coleção Gestão de pessoas

- orienta-se para a inovação, para a ação e para o curto prazo;
- prefere trabalhar sem supervisão ou controle;
- quer escolher ou criar os métodos e obter resultados;
- almeja poder;
- é combativo, luta pelos próprios interesses, enfrenta dificuldades;
- é desafiado por riscos, gosta de fazer do seu jeito;
- quer reconhecimento público, valorização social, recompensas, tudo que agregue a sua autoestima;
- aprecia ser estimado e aceito como reconhecimento de sua independência;
- tem dificuldade de aceitar autoridade.

C) Perfil de decisão/solução de problemas:

- busca o caminho mais curto para o final – é rápido e pragmático;
- define problemas, busca soluções, termina o que começa;
- dedica-se à procura de recursos;
- gera resultados concretos de curto prazo;
- encontra utilização prática para as ideias, palavras, teorias;
- encontra novas formas de fazer as coisas com os recursos disponíveis;
- identifica impactos de uma decisão nas pessoas;
- é adaptável a novas situações, aproveita soluções anteriores de sucesso;
- supera-se em situações difíceis pela força e coragem;
- assume riscos;
- aprende fazendo;
- utiliza mais a sensibilidade para tomar decisões;
- decide, realiza;
- é imediatista, rápido nas iniciativas, tem pressa;
- funciona bem com vários projetos ao mesmo tempo;
- pode dar solução ao problema errado;
- pode buscar desnecessariamente o conflito por causa da agilidade e simplificação;
- relega aspectos de longo prazo;
- pode negligenciar detalhes, regras e métodos.

D) Perfil de liderança:

- apresenta comportamentos orientados para a tarefa e para as relações;
- busca produtividade e resultados de curto prazo;
- destaca táticas para que as coisas sejam feitas;
- é exigente, espera forte envolvimento – ordena e espera que cumpram;
- enfrenta e varre obstáculos – "é o poder";
- quando satisfeito, protege, defende e é generoso com a equipe;
- tende a tomar a informação como meio de controle;
- é racional, categórico, controla sempre e de perto;
- é atento à hierarquia, ao poder e às influências;
- delega pouco;
- exerce influência pelo exemplo – discurso e prática.

Organização e mudança

Modelo mental e mudança

Atualmente, a comunidade global está se transformando em uma comunidade de aprendizagem, aprendendo a aprender em grupo. Com a crescente disponibilização pela *web* de informações e recursos a que temos acesso no mundo globalizado, nossa única vantagem competitiva sustentável talvez possa ser a capacidade de aprender mais rápido e de responder de modo mais alinhado ao que cada mercado esteja demandando. Isso requer mudança em nosso modelo mental.

"Modelo mental é uma forma abreviada para todas as complexas atividades dos neurônios a que recorremos para compreender algo e então decidir que ação tomar."[52] Construímos modelos mentais que representam aspectos significativos de nosso mundo físico e social. Manipulamos elementos desses modelos quando pensamos, planejamos e tentamos explicar eventos desse mundo.

Fazer parte de uma organização que aprende implica passarmos a perceber, sentir e agir de um modo diferente, e isso requer a mudança

---

[52] WIND, Y.; CROOK, C.; GUNTHER, R. *A força dos modelos mentais*: transforme o negócio da sua vida e a vida do seu negócio. Porto Alegre: Bookman, 2005. p. 234.

de nosso modelo mental. Por sermos responsáveis por nossos atos, precisamos parar de atribuir as causas de nossos problemas a outrem ou a alguma coisa, aprendendo a criar nossa própria realidade e, consequentemente, a mudá-la.

Mudanças de cenário

No início dos anos 2000, Neuhauser, Bender e Stromberg[53] indicavam cinco tendências principais que haviam alterado o local de trabalho na última década – e que continuariam alterando nos anos vindouros:

- a ampliação da capacidade da largura de banda da internet – que mudou a natureza dos negócios;
- o desafio competitivo das empresas iniciantes baseadas na *web* em relação às empresas tradicionais;
- a mudança no poder da informática – que passou das mãos dos profissionais de tecnologia da informação para as massas;
- a ampliação dos poderes empregados pela democratização da força trabalhadora;
- o rompimento do contrato social entre empresas e empregados, com a demissão em massa nas décadas de 1980 e 1990.

Hoje em dia, podemos avaliar melhor a importância que tem para o gestor saber como a empresa pode se beneficiar com os negócios e o comércio eletrônicos, com a criação de redes digitais por meio da *web*, aproximando clientes e fornecedores, alinhando processos internos aos requeridos pelos clientes e melhorando o relacionamento com outras organizações dentro de cadeias de valor expandidas com negócios cada vez mais conectados.

Ainda assim, são grandes os desafios a serem superados, pois, como afirma Luppi:[54]

---

[53] NEUHAUSER, P.; BENDER, R.; STROMBERG, K. *Cultura.com*: como adaptar as empresas ao mundo.com. São Paulo: Manole, 2001.

[54] LUPPI, I. *A empresa digital*: comércio e negócios eletrônicos. *Oficina da Net*, 27 fev. 2008. Disponível em: <www.oficinadanet.com.br/artigo/788/a_empresa_digital_comercio_e_negocios_eletronicos>. Acesso em: 4 nov. 2011.

> *comércio e negócios eletrônicos exigem mudança completa, em relação à estrutura organizacional e processos gerenciais, chegando a ter que redesenhar processos de negócios inteiros, adquirir novas tecnologias para sistemas de informação e prática empresarial, enfim mudando totalmente a estrutura física, cultural e administrativa da empresa.*

Além disso, será necessário superar a falta de transparência e confiança, tão comum entre os parceiros, e criar um modelo de negócio na internet que atenda às necessidades da organização, buscando a satisfação de todos os envolvidos.

Diante da tarefa de conduzir essa transição, muitos líderes sentem-se esmagados. Contudo, é preciso lembrar que a complexidade e o caos são o ponto de onde emerge a criatividade, tanto em sistemas quanto em empresas. Além disso, a ambiguidade e a incerteza oferecem oportunidades para novas ideias, desafiando o *status quo*. Logo, estamos tratando de uma época das mais propícias para um líder transformar uma empresa tradicional em uma empresa inovadora de vanguarda. Em nossos tempos, culturas de sistemas rígidos tendem a se desvanecer, dando oportunidades para a reconfiguração de novos empreendimentos.

Autoavaliações

Questão 1:

Quando tratamos do tema formação de lideranças, tendemos a analisar o desenvolvimento de competências com um enfoque voltado para resultados.

Em vista disso, podemos afirmar que o desenvolvimento de líderes na organização é de responsabilidade, principalmente:

a) dos próprios candidatos a líder.
b) do mais alto executivo da organização.
c) da instituição de formação universitária.
d) daquele que o indicar para ser desenvolvido como líder.

Questão 2:

Quando nos referimos a modelos de competências, identificamos, em equilíbrio, quatro áreas de resultados.

Dessa forma, entre essas áreas de resultados, **não** podemos apontar os resultados para:

a) o cliente.
b) a organização.
c) os empregados.
d) os fornecedores.

Coleção Gestão de pessoas

Questão 3:

Segundo Ulrich, a maioria dos itens que compõem os modelos de atributos do líder agrupam-se em quatro amplas categorias.

Entre essas categorias, aquela relacionada à capacidade de o líder converter visão em ações diárias de cada pessoa da empresa pode ser classificada como:

a) definição da trajetória.

b) busca do comprometimento.

c) demonstração de caráter pessoal.

d) desenvolvimento das capacidades organizacionais.

Questão 4:

A concepção de liderança transformacional liga, fortemente, as áreas de motivação e cultura organizacional à questão da liderança.

Podemos afirmar que a maior característica do líder desse estilo de liderança é que ele pode:

a) ser visto como controlador e manipulador.

b) ser concebido como conservador e autossuficiente.

c) ajudar as pessoas a descobrirem suas motivações intrínsecas.

d) auxiliar na construção de mecanismos que satisfaçam às necessidades de seus superiores.

Questão 5:

Muitas empresas têm investido em trabalhos relacionados ao modelo de atributos da liderança visando desenvolver líderes eficazes.

Dessa forma, podemos apontar como principais atributos de um líder:

a) o comportamento, o conhecimento e o caráter pessoal.
b) o nível cultural, a classe social e a demonstração de caráter.
c) a busca do comprometimento e as capacidades tecnológicas.
d) o currículo profissional, a definição de conduta e os gostos pessoais.

Questão 6:

Algumas características dos gestores democrático-inspiradores contrastam fortemente com aquelas dos gestores diretivo-administradores.

Entre as alternativas abaixo, a única que **não** é verdadeira é:

a) Gestores democrático-inspiradores buscam acordos.
b) Gestores diretivo-administradores usam diplomacia.
c) Gestores democrático-inspiradores polarizam opiniões.
d) Gestores diretivo-administradores buscam consistência.

Questão 7:

Nos últimos 100 anos, predominaram modelos de gestão com diferentes enfoques.

Sobre esses enfoques, **não** é correto afirmar que o modelo de:

a) metas racionais enfatiza o cumprimento de tarefas.
b) relações humanas prioriza as questões relacionais.
c) processos internos foca nas avaliações críticas dos planos vigentes.
d) sistemas abertos valorizam o controle e o foco no ambiente externo.

Questão 8:

As lideranças devem apresentar determinadas características para se alinharem ao que é prioritariamente requerido pelo mercado diretamente associado a cada um dos quatro modelos organizacionais apresentados por Quinn.

Se o foco determinado para lidar com as forças do mercado for o interno, e não o externo, e a opção for o controle, e não a flexibilidade, então o gestor deve, principalmente:

a) usar a informação para criar mudanças.
b) planejar visando à lucratividade futura.
c) persistir em conseguir o melhor das pessoas.
d) implementar táticas empresariais que já funcionaram.

Competências gerenciais /

Questão 9:

Segundo Gurdjieff, há três tipos de pessoas, e cada um desses tipos apresenta uma preferência específica – por gente, por ideias ou por ação, associados, respectivamente, aos estilos afetivo, mental e ativo.

Podemos observar, por exemplo, o comportamento de uma pessoa:

I) denotando querer sucesso, ser admirada, causar boa impressão;
II) envolvendo-se com situações novas e desafiadoras que requerem iniciativa e tomada de decisão;
III) preferindo instruções claras, curtas, trabalhos bem definidos, estruturados.

A partir dessas observações, podemos afirmar que, provavelmente, o comportamento da pessoa associado ao:

a) item I) aponta para o estilo mental.
b) item II) aponta para o estilo afetivo.
c) item III) aponta para o estilo ativo.
d) item I) aponta para o estilo afetivo.

Questão 10:

Enquanto gestores diretivo-administradores controlam pessoas e projetos, os democrático-inspiradores inspiram e criam ambientes motivadores para pessoas. Para tais gestores, é possível delinear um eneagrama composto de três estilos – afetivo, mental e ativo.

Esses estilos apresentam propósitos básicos que se referem, respectivamente, à apreciação de:

a) ideias, pessoas e ações.
b) pessoas, ideias e ações.
c) ações, ideias e pessoas.
d) pessoas, ações e ideias.

Módulo III – Descoberta e gestão de talentos

Módulo III – Descoberta e gestão de talentos

Neste módulo, veremos como hoje a contratação torna-se mais pessoal e estratégica e como o talento com autoconhecimento, visão, caráter e competência torna-se determinante para o sucesso da organização. Mostraremos, então, como o modelo de gestão com foco em propósitos-processos-pessoas e no alinhamento dinâmico de cadeias de valor como vantagem competitiva auxilia o gestor de pessoas a identificar, desenvolver e reter talentos.

Trataremos, a seguir, de como o processo de aprendizagem – que começa com a ampliação da consciência sobre si mesmo e continua com a gestão de si mesmo – pode facilitar a identificação e o desenvolvimento de talentos.

Focalizaremos aqui, também, o ambiente corporativo de aprendizagem, já que, para enfrentar os desafios da era do conhecimento, o ato de pensar e decidir estrategicamente não pode mais ser privilégio dos que estão no topo da organização.

Para competir de forma exitosa e sustentável, a empresa precisa da criatividade humana em todos os níveis. Nesse ponto, iremos nos ater à figura do gestor que, continuamente, seleciona e acessa as informações pertinentes a cada situação, e lidera as pessoas na produção de resultados alinhados à estratégia escolhida, agregando valor à organização e a todos que dela participam.

Finalmente, refletiremos sobre a revolução da tecnologia da informação e das redes sociais digitais.

Talentos

Descoberta de talentos

Comecemos com algumas perguntas:

- Por que buscar talentos?
- Que transformações compõem o cenário no qual se capacitam pessoas para identificar e reter talentos?
- Que parâmetros e técnicas utilizar para reconhecer talentos potenciais?
- Como institucionalizar, na empresa, os cuidados especiais requeridos para zelar pelas pessoas-chave?
- Quais são as expectativas da empresa e de seus colaboradores?

Por talento, entendemos pessoas cujo autoconhecimento, cuja visão, cujo caráter e cujas competências são considerados chave, importantes diferenciais para o sucesso da organização. O talento de uma pessoa se manifesta quando suas decisões e ações são convertidas em resultados concretos, criativos e singulares.

Na era do conhecimento, em que a comunicação horizontal e instantânea coloca em contato comunidades distantes, a atração e a seleção de pessoas tornam-se mais estratégicas. Nesse contexto, o talento e o potencial passam a ser determinantes no preenchimento de vagas.

Para Charan, Drotter e Noel,[55] "as organizações muitas vezes não percebem o desenvolvimento como uma parte integral de sua estratégia de negócios, considerando-o meramente parte da função de recursos humanos". Mas existe uma escassez de pessoas talentosas, e atualmente as empresas necessitam de "líderes em todos os níveis, capazes de uma atuação mais plena do que jamais foi necessário. Contratar pessoas talentosas faz sentido como estratégia, mas não como tática.".

De um modo geral, o foco na atração e na seleção se restringe a características pessoais e capacidade técnica, esperando-se que as pessoas consigam dar conta do trabalho sem se ater ao conhecimento, às

---

[55] CHARAN, C.; DROTTER, S.; NOEL, J. *Pipeline de liderança*: o desenvolvimento de líderes como diferencial competitivo. Rio de Janeiro: Campus, 2010. p. 3-4.

habilidades e às atitudes requeridos para lidar com um nível específico de liderança.

É pouco reconhecida a existência de diferentes níveis de liderança. Além disso, não costumamos perceber que as pessoas precisam, a cada mudança de nível, passar por uma transição de:

- novas competências necessárias para executar novas responsabilidades;
- nova grade de horários que oriente o trabalho do líder;
- um conjunto de valores profissionais que passam a ser o foco de seus esforços.

Para capitalizar o potencial das pessoas, é necessário discernir os verdadeiros requisitos de trabalho em níveis-chave de liderança e o que é necessário para realizar, com sucesso, a transição de um patamar ao próximo. Para facilitar e ordenar esse processo, Charan propõe o que denomina "pipelines de liderança", traçando, a cada mudança de nível, correspondência entre o potencial de uma pessoa e um conjunto de requisitos de trabalho em níveis-chave de liderança, para, então, identificar o que é necessário para que a transição de um patamar ao seguinte seja realizada com sucesso.[56]

Valorização dos talentos

O reconhecimento e a valorização dos talentos beneficiam a organização em todos os sentidos.

Em organizações que criam ambientes adequados ao desenvolvimento de talentos, os empregados, voluntariamente, mobilizam seus esforços para a obtenção dos resultados desejados. Em tais ambientes, eles tendem a ultrapassar os limites estabelecidos em suas descrições de cargo; frequentemente, o trabalho passa a ser realizado por equipes ou forças-tarefa que se formam para alcançar determinado objetivo e que, depois, dissolvem-se.

---

[56] CHARAN, C.; DROTTER, S.; NOEL, J. *Pipeline de liderança*: o desenvolvimento de líderes como diferencial competitivo. Rio de Janeiro: Campus, 2010. p. 5.

O sistema de valorização de pessoas passa a focalizar mais a contribuição total do empregado – suas atitudes e seus comportamentos, seu impacto sobre a organização, seu exemplo e o aumento de suas responsabilidades, além dos resultados empresariais alcançados. A pressão do mercado na busca de talentos também interfere, fortemente, no sistema de valorização de pessoas. Consequentemente, as empresas passam a ter uma visão mais profunda de quem são seus talentos, os empregados-chave, os homens e as mulheres-chave que fazem a diferença.

No *mundo.com*, pessoas que realizam com prontidão e velocidade, que demonstram coragem para assumir riscos calculados e que trabalham bem em equipe devem ser reconhecidas e valorizadas por seus talentos.

Gestão de talentos

Para melhorar sua produtividade, as empresas procuram otimizar a utilização de seus recursos readequando o dimensionamento do número de postos de trabalho e investindo na inovação em tecnologia e gestão,[57] buscando a melhoria contínua e envolvendo os clientes em processos de cocriação dos produtos e serviços.[58] Requerem, cada vez mais, pessoas bem qualificadas, com condições de assumirem responsabilidades maiores e de agregarem maior valor à organização.

Algumas decisões tomadas em relação aos empregados impactam, diretamente, a competitividade das empresas e a retenção de talentos – como aquelas decisões que lhes permitem ter maior autonomia para servirem seus clientes ou usarem sua sabedoria, otimizando seus recursos e suas potencialidades. Podemos distinguir cinco gerações de pessoas que, atualmente, convivem: a geração *Belle Époque* (nascidos entre 1920 e 1940), *Baby Boomer* (1946-1964), X (1965-1976), Y (1977-1996) e, incluindo em um futuro próximo, os jovens nascidos a partir de 1997 (geração Z).[59] Os jovens das duas últimas gerações (Y e Z) só conhecem a democracia e estão acostumados, desde a infância, a lidar com a

---

[57] HAMEL, G.; BREEN, B. *O futuro da administração*. Rio de Janeiro: Campus, 2008. p. 35-61.

[58] RAMASWAMY, V.; GOUILLART, F. *A empresa cocriativa*: por que envolver *stakeholders* no processo de criação de valor gera mais benefícios para todos. Rio de Janeiro: Campus, 2011.

[59] TAPSCOTT, D. *A hora da geração digital*. Rio de Janeiro: Agir Negócios, 2010. p. 186.

tecnologia, já que nasceram com computador, cresceram jogando vídeo game e ouvindo *iPod* e são, em sua grande maioria, usuários da internet.

No trabalho, as decisões tomadas em relação aos empregados tendem, hoje, a ter impactos, sobre a competitividade e a retenção de talentos, mais fortes e positivos do que há uma década. Esses jovens preferem trabalhar com alguém que lhes ensine, que seja competente e atualizado em relação ao mundo atual e admirado pelo mercado. Por outro lado, têm um impacto devastador sobre os resultados do negócio as decisões que não promovem o reconhecimento, que não privilegiam o relacionamento interpessoal e que prejudicam o equilíbrio entre a vida profissional e pessoal, aspectos altamente valorizados pelas novas gerações.

Acreditamos que as empresas que conseguem gerir seus talentos são as grandes vencedoras desta e das próximas décadas. No entanto, apesar da importância da gestão dos talentos para o sucesso do negócio, ainda faltam, em muitas empresas, práticas para envolverem seus empregados, para abordarem, sistematicamente, discussões sobre visão, estratégia e valores da organização, e para obterem o envolvimento e o comprometimento deles. Se é importante entender como os empregados funcionam, mais importante, ainda, é aceitar como eles funcionam, apontando-lhes o valor da autodisciplina e da busca do alinhamento entre resultados pessoais e organizacionais. Precisamos ensiná-los a fazer escolhas fundamentadas em valores tais como ética, integridade e solidariedade.

É comum observarmos que os gestores introduzem novos planos e novas iniciativas sem que avaliem com quais talentos eles podem contar para as coisas acontecerem – mais ainda, se as pessoas e os métodos disponíveis estão alinhados com o que precisa ser feito.

Se o foco da organização é a busca e retenção de talentos, suas práticas de atração e seleção devem ser balizadas por uma compreensão mais ampla do que essas pessoas são, querem, aceitam e desprezam. Devemos saber que, principalmente os pertencentes à geração Y, permanecem na empresa porque se sentem motivados pelo que ela pode lhes oferecer, fazem o que gostam, aprendem e têm oportunidade de realizar seu potencial. Além disso, precisamos reconhecer que o fator decisivo para o jovem ficar na organização ou deixá-la não é o salário, mas a característica do líder, as questões éticas e as possibilidades de aprendizagem.

Coleção Gestão de pessoas

Por isso, Tapscott[60] propõe que, para os membros dessas gerações mais jovens, as organizações deixem de lado o velho modelo de recrutar, treinar, supervisionar e reter, trocando-o pelo novo modelo de iniciar, engajar, colaborar e evoluir.

É importante manter o ambiente organizacional monitorado, fazendo ajustes necessários no tempo certo. O talento deixa a organização quando disponibiliza seu currículo para o mercado, ou seja, bem antes de pedir demissão. Por isso, é importante saber se a pessoa está se desenvolvendo bem para perceber se a empresa corre o risco de perdê-la antes que isso venha, de fato, ocorrer.

Identificação de talentos

Recomenda-se o estabelecimento de critérios de atração e seleção que permitam reconhecer se a pessoa tem objetivos e valores compatíveis com a proposta da empresa. É importante conhecer sua história, como ela se vê em uma determinada empresa e em um determinado cargo – reconhecer que a pessoa deseja sentir-se realizada, e não que está buscando apenas o salário como recompensa. É fundamental identificar as intenções da pessoa, seus gostos e suas restrições, confrontando-os com o que a empresa pode e vai oferecer, averiguando se essa pessoa se identifica com os valores e a filosofia de gestão da empresa.

É papel do RH fornecer suporte, diretrizes e políticas. Contudo, quem gerencia a equipe é o gestor, pois é ele o responsável pela equipe e pelo ambiente tanto da unidade funcional quanto da organização. Espera-se que os gestores sejam pessoas que assumiram essa posição por atenderem a critérios que abrangem ética, competência para estabelecer relações consistentes e capacidade de criar ambientes de aprendizado.

O modelo de gestão com foco em propósitos-processos-pessoas[61] e no alinhamento dinâmico de cadeias de valor por meio de pessoas como vantagem competitiva[62] auxilia o gestor de pessoas a identificar, desenvolver e reter talentos.

---

[60] TAPSCOTT, D. *A hora da geração digital*. Rio de Janeiro: Agir, 2010. p. 183.

[61] GHOSHAL, S.; BARTLET, C. A. *A organização individualizada*: talento e atitude como vantagem competitiva. Rio de Janeiro: Campus, 2000.

[62] GATTORNA, J. *Dynamic supply chains*: delivering value through people. Great Britain: Pearson Education Limited, 2010.

Esse gestor deve estar atento a atitudes e comportamentos das pessoas e deve ser capaz de responder às seguintes perguntas sobre cada um de seus colaboradores:

- Quais são seus objetivos de vida, seus planos, suas prioridades?
- Qual é sua visão de mundo, sua postura ante a vida?
- Sua visão é abrangente, integradora, pragmática, racional, realista, idealista, sonhadora?
- Qual é sua orientação motivacional (onde tende a focar sua intenção)?
- Qual é sua forma de solucionar problemas (onde tende a focar sua atenção) – criativa, convencional, inovadora?
- Com o que está comprometido e que legado quer deixar?
- Como domina a emoção, principalmente, diante de situações complexas e de forte pressão?
- Como lida com o fracasso e qual é sua motivação para aprender e compartilhar o aprendizado?
- Como é seu caráter – sua integridade (viver de acordo com seus princípios) e sua intenção (propósito)?
- Quais são suas competências – suas capacitações (conhecimentos, habilidades, atitudes, talentos, estilos) – e seus resultados (decorrentes da mobilização, integração e transferência de suas capacitações com agregação de valor para si mesmo e para a organização)?

Componentes de aprendizagem

O talento que, efetivamente, agrega valor à empresa tem sido associado à capacidade que as organizações têm de aprender, de renovar o conhecimento – contínua e persistentemente – para elevarem seus níveis de competitividade e sustentabilidade.

Senge[63] afirma que fazer parte de uma organização que aprende requer o domínio de cinco componentes ou disciplinas – exemplos de métodos e ferramentas – que vêm convergindo para inovar nas organizações, os quais desempenham um papel crucial para as empresas que

---

[63] SENGE, P. et al. *A dança das mudanças*: os desafios de manter o crescimento e o sucesso em organizações que aprendem. Rio de Janeiro: Campus, 2000. p. 46-47.

desejam otimizar seu espaço de aprendizagem – o aprender. São eles: o pensamento sistêmico, o domínio pessoal, a visão compartilhada, os modelos mentais e a aprendizagem em equipe. Tais componentes devem servir como referencial para todo gestor de recursos humanos em sua tarefa de identificar talentos. Fazer parte de uma organização que aprende requer o domínio dessas disciplinas básicas.

Estruturar um contexto de aprendizagem não é tarefa fácil; os processos não se revelam, subitamente, para que todos os vejam. Por isso, cabe aos gestores promover o aprendizado, para que ele surja, gradativamente, como parte essencial da cultura da organização.

Sendo a organização um sistema de ações inter-relacionadas, que influenciam umas às outras, e sendo o homem da organização uma das partes desse sistema, é difícil que ele tenha uma visão global do que ocorre. Sua tendência é focar algumas partes isoladas, enquanto as questões mais profundas, geralmente, ficam sem solução. Nesse sentido, o pensamento sistêmico ajuda os líderes a identificarem padrões repetitivos, como, por exemplo, o motivo da persistência de alguns problemas.

O pensamento sistêmico é um conjunto de conhecimentos e instrumentos desenvolvidos para que o todo se torne mais claro, mostrando-nos as modificações que precisam ser feitas, cuja base subjacente é a intuição. O *feedback*, os laboratórios de aprendizagem e as simulações ajudam as pessoas a verem como alterar sistemas de forma mais eficaz e como agir mais sintonizadamente com os processos maiores do mundo natural e econômico. Nessa disciplina, as pessoas aprendem a compreender melhor as interdependências e as mudanças e, assim, a lidar com maior eficácia com as forças que moldam as consequências de nossas ações.

Já o domínio pessoal diz respeito a nossa capacidade de estabelecer, com clareza, e perseguir, continuamente, com energia, nossos objetivos pessoais. Aprendendo a cultivar a tensão entre visão e realidade, podemos ampliar a capacidade de escolha e alcançar resultados mais próximos aos escolhidos. Isso requer que desenvolvamos a paciência e que vejamos a realidade de maneira objetiva. A falta dessa disciplina nos leva à perda da empolgação, da automotivação, da energia e do senso de missão. Sua base subjacente é espiritual.

Nosso modo de encarar o mundo e nossas atitudes são influenciados por nossas ideias arraigadas, generalizações e imagens. Na organização, os modelos mentais estão igualmente enraizados e impedem que muitas modificações sejam postas em prática por serem conflitantes com modelos mentais tácitos e poderosos. Por isso, os gestores devem reconhecer tanto o poder dos padrões de pensamento no nível do modelo organizacional quanto a importância da investigação não defensiva da natureza desses padrões. Refletindo continuamente sobre as imagens internas do mundo – atitudes e percepções que influenciam o pensamento e as interações –, falando a respeito delas e reconsiderando-as, as pessoas podem alcançar maior capacidade de governar suas ações e decisões.

O termo *visão compartilhada* significa nossa visão de futuro, nossos objetivos, valores e compromissos compartilhados por todos. Essa disciplina coletiva estabelece um foco no propósito mútuo. Ela gera uma identidade comum, um sentido de missão na vida, levando à obtenção do comprometimento de todos. Todos se comprometem, não por obrigação, mas por livre e espontânea vontade, desenvolvendo imagens compartilhadas do futuro que buscam criar, e os princípios e as práticas orientadoras por meio das quais esperam chegar lá.

Por fim, a aprendizagem em equipe começa com o diálogo e a discussão produtiva. Consiste em aprender a mobilizar as energias e ações para alcançar metas comuns e a reconhecer nossos padrões de interação que prejudicam nossos relacionamentos. Essa disciplina ensina-nos a enxergar além dos limites de nossas perspectivas pessoais.

Avaliação de potencial

As realizações passadas nem sempre são, por si só, os maiores indicadores de futuras capacidades nos indivíduos. É importante ver o potencial como algo que muda ao longo do tempo. Admite-se que o tipo de trabalho que uma pessoa pode realizar no futuro está baseado nas habilidades e experiências acumuladas percebidas nas realizações do passado e, também, em sua capacidade de aprender novas habilidades e disposição para lidar com um maior número de tarefas de maior qualidade e complexidade. Impulsionadas pelo dinamismo do trabalho, pelas oportunidades e facilidades de acesso aos treinamentos via internet, as pessoas podem-se reinventar, e seu potencial estará em constante mudança.

Tradicionalmente, na escolha do método de avaliação de potencial para cargos técnicos, são considerados fatores como objetividade,

Coleção Gestão de pessoas

compatibilidade com a função futura e relevância em termos do desempenho futuro, entre outros.[64]

Já para cargos gerenciais, têm sido utilizadas técnicas que procuram avaliar o domínio das funções e ferramentas gerenciais, assim como os estilos pessoais – administração de conflitos, aprendizagem, competência interpessoal, âncoras de carreira, estilos de liderança e de gerência, Myers-Briggs Type Indicator® (MBTI®) e Predisposições para Motivação, Ação e Comunicação (PMAC). Para realizar essa avaliação, têm sido utilizados testes escritos, entrevistas, análise biográfica, provas que enfocam o trabalho propriamente dito – ou seja, provas específicas referentes à função, referências de antigas chefias ou colegas e testes situacionais. Ocasionalmente, tais testes podem ser realizados em centros de avaliação de potencial, com custos elevados, mas com excelentes resultados.

Estudos longitudinais de Elliott Jaques

Ao falarmos de avaliação de potencial, devemos ressaltar a contribuição de Elliott Jaques, psicólogo inglês que realizou, durante 25 anos, estudos longitudinais acompanhando a evolução dos empregados.

Nesses estudos,[65] era correlacionada a ascensão profissional à habilidade para trabalhar e raciocinar a partir de abstrações que envolvem o fator tempo. Essa é uma característica encontrada na maioria dos gerentes que se mostram eficazes.

Com base nesses dados, Elliott constatou que, quanto maior era o período envolvido em termos de planejamento, maior era a capacidade de um indivíduo de executar um trabalho preestabelecido ou fazer revisões no plano como um todo, levando em conta as condições atuais e futuras, sujeitas a alterações constantes.

Além disso, quanto mais à frente um indivíduo fosse capaz de formular objetivos, elaborar e executar um plano, e fazer as mudanças que fossem necessárias para alcançá-los, maior seria seu nível de abstração, seu horizonte de visão e, consequentemente, sua capacidade de assumir cargos gerenciais de níveis cada vez mais elevados.

---

[64] MANZINI, A. O.; GRIDLEY, J. D.; OLIVEIRA NETO, L. A. *Sistrat*: sistema estratégico de planejamento e desenvolvimento de recursos humanos. Rio de Janeiro: Intercultural, 1987. p. 183.

[65] JAQUES, E. *A general theory of bureaucracy*. London: Heinemann, 1966.

Dos sete estratos para diferenciar os níveis de abstração que coincidem com a capacidade de trabalhar e planejar em diferentes horizontes temporais identificados por Jaques, zero (ou perceptual motor concreto) é o nível mais baixo, equivalente a três meses. É o nível adequado, por exemplo, para indivíduos que ocupam cargos de supervisão em uma pequena loja. Já no nível de abstração mais alto, o indivíduo tem capacidade para dirigir uma corporação multinacional que emprega milhares de pessoas.

Elliott identificou também que a capacidade de trabalho de um indivíduo tem um padrão de crescimento regular, pode ser prevista e tem correlação direta com a idade cronológica.

O autor põe seu foco no conceito de *capability* – capacidade, visto como a qualidade que define o escopo do trabalho que uma pessoa pode executar. Enquanto o conteúdo pode-se referir aos conhecimentos e às habilidades específicas que uma pessoa precisa ter, o escopo tem a ver com o nível de complexidade do trabalho a ser feito e que irá requerer determinada capacidade. Para ele, potencial tem a ver com lidar com a complexidade, com o tipo de capacidade necessária para levar adiante tal trabalho.

Durante 25 anos, ele realizou estudos junto a uma importante empresa, investigando o potencial e as responsabilidades reais de seus empregados. Consoante Jaques, na maioria das organizações, os vários níveis hierárquicos estão relacionados a diferentes períodos de tempo, que variam de alguns meses a mais de 10 anos. Ele define como horizonte temporal o horizonte de planejamento de um determinado cargo, bem como a capacidade de um indivíduo conceber tarefas que tenham tal duração e de executá-las de modo bem-sucedido dentro do prazo. Nos níveis gerenciais iniciais, tais períodos de tempo são relativamente curtos e vão aumentando à medida que se sobe na escala hierárquica.

Suponhamos que duas pessoas, A e B, ambas com 35 anos de idade, entrem em um mesmo ano ocupando posições com atribuições e salários compatíveis, com os horizontes temporais de três meses e de um ano, respectivamente. Se permanecerem na empresa, elas, provavelmente, terão suas atribuições e seus salários aumentados ao longo dos anos e, ao atingirem a idade de 55 anos, por exemplo, elas poderão ocupar posições compatíveis com os horizontes temporais de seis meses – A – e de cinco anos – B –, respectivamente. Naturalmente, o tempo e a experiência podem favorecer seu desenvolvimento, mas os resultados encontrados por Jaques apontam para crescimentos ao longo de curvas. Nesse sentido, Elliott Jaques propôs um índice – PPA – para identificar a qual curva pertenceriam as pessoas submetidas a sua bateria de testes para a avaliação de potencial.

De acordo com Jaques, a capacidade de trabalho de dado indivíduo tem um padrão de crescimento regular, pode ser prevista e tem correlação direta com a maturidade cronológica. Embora a capacidade crítica seja inata, o tempo e a experiência podem favorecer seu desenvolvimento, e isso pode ser observado a partir de alguns esquemas.

Imagine um esquema no qual são visualizadas várias curvas de crescimento de capacidade de trabalho, representadas nos vários horizontes temporais para cada idade. A partir da idade de um indivíduo e de sua capacidade de trabalho atual, determinada por seu horizonte temporal, podemos determinar sua curva de crescimento.

Esses conceitos podem ser ilustrados da seguinte forma:[66]

Figura 11
Curva de crescimento

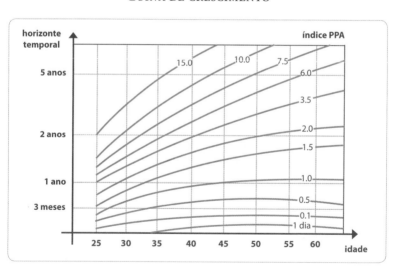

---

[66] MANZINI, A. O.; GRIDLEY, J. D.; OLIVEIRA NETO, L. *Sistrat*: sistema estratégico de planejamento e desenvolvimento de recursos humanos. Rio de Janeiro: Intercultural, 1987. p. 194.

Predisposições e tendências comportamentais

O processo de aprendizagem começa com a ampliação da consciência sobre si mesmo e com a reflexão crítica sobre a própria imagem obtida a partir de *feedbacks* e de resultados da aplicação de instrumentos que apontam predisposições e tendências comportamentais de seus colaboradores. Identificamos essas tendências buscando respostas a perguntas tais como:

- A pessoa tende a apresentar iniciativa, coragem e autodisciplina?
- A orientação motivacional aponta para uma carreira mais técnica ou mais gerencial ou, ainda, mais autônoma?
- A pessoa está buscando estabilidade e segurança ou oportunidade para a autoexpressão criativa?
- A pessoa tende a entregar seus trabalhos nos prazos, na qualidade e na conformidade esperadas, concluindo tudo o que foi começado?
- O foco da pessoa está na própria perspectiva pessoal ou na empatia, cooperação e iniciativa em prol de si mesmo e do outro?
- As relações interpessoais são caracterizadas por prejulgamentos e preconceitos?
- A orientação do pensamento é mais eclética, adaptativa, voltada para a inovação? Ou mais empírica, indutiva, voltada para resultados concretos?
- A pessoa apresenta predisposição para uma motivação mais voltada para os desafios profissionais do que para os individuais?
- A pessoa apresenta dificuldades em lidar com o público e, devido a sua timidez, prefere delegar o atendimento a outrem quando recebe solicitação de alguém de fora da empresa?

Uma das ferramentas mais importantes do processo de levantamento de tendências de estilo é a entrevista pessoal. Se realizadas em profundidade e com a utilização de técnicas projetivas, as entrevistas são um excelente coadjuvante, facilitando o delineamento do perfil da pessoa.

O perfil individual é bastante útil para o gestor de recursos humanos e uma ferramenta importante na gestão de talentos. Entretanto, ele também é importante para o empregado, pois permite ampliar seu autoconhecimento. Em ambos os casos, ele possibilita um direcionamento

Coleção Gestão de pessoas

mais consciente dos talentos e das potencialidades da pessoa, por meio do realinhamento com as estratégias organizacionais, visando ao comprometimento e à efetividade nos resultados diferenciadores de competitividade.

Ciclos de aprendizagem

Um instrumento que costuma ser utilizado para a elaboração do perfil procura identificar como tendemos a lidar com as situações do dia a dia, aprendendo com elas. Esse modelo se baseia no ciclo de aprendizagem sentir-observar-pensar-agir.[67][68]

No eixo sentir-pensar, o sentir está ligado à experiência concreta. Predomina, nesse estágio de aprendizagem, o foco nos assuntos imediatos, concretos, da relação coisas-pessoas. O indivíduo tende a privilegiar o lado urgente da situação. Por sua vez, o pensar está ligado à conceitualização abstrata. Predomina, nesse estágio de aprendizagem, o foco nas causas subjacentes sistêmicas. O indivíduo tende a privilegiar o lado importante da situação.

No eixo observar-agir, o observar está ligado à observação e à reflexão. Predomina, nesse estágio de aprendizagem, o foco no relacionamento humano, nos valores e nas aspirações das pessoas. Nesse caso, o indivíduo tende a privilegiar o lado humano da situação. Já o agir está ligado à experimentação ativa. Predomina, nesse estágio de aprendizagem, o foco nos relacionamentos quantitativos, nas coisas concretas, mensuráveis.

Estilos de aprendizagem

Segundo Kolb, as combinações dos estágios de aprendizagem definem quatro estilos: divergente, assimilador, convergente e empreendedor.

---

[67] KOLB, D. A. *Experiential learning*: experience as the source of learning and development. New Jersey: Prentice Hall, 1984. Disponível em: <academic.regis.edu/ed205/Kolb.pdf>. Acesso em: 4 nov. 2011.

[68] A tradução e a adaptação do instrumento que aponta o estilo individual de aprendizagem de Kolb encontra-se disponível na internet, acessível por meio de <www.teiaportuguesa.com/fichaestiloaprendizagem.htm>.

O estilo divergente consiste em uma combinação de sentir e observar – o indivíduo tende a utilizar mais a experiência concreta, a observação e a reflexão, demonstrando comportamentos típicos do estilo, tais como interesse em ideias e conceitos abstratos, bem como capacidade para compreender, assimilar, formatar e sintetizar informações.

O estilo assimilador é uma combinação de observar e pensar – o indivíduo tende a utilizar mais a observação, a reflexão e a conceituação abstrata. Demonstra comportamentos típicos do estilo, tais como interesse por planejamento, criação de modelos, desenvolvimento de teorias e valorização da base lógica dos fatos.

O estilo convergente se configura por uma combinação de pensar e agir – o indivíduo tende a utilizar mais a conceituação abstrata e a experimentação ativa. Demonstra comportamentos típicos do estilo, tais como o interesse por tarefas e problemas técnicos, a capacidade para resolver problemas e tomar decisões, transferir ideias e teorias para a prática.

Finalmente, o estilo empreendedor é uma combinação de agir e sentir – o indivíduo tende a utilizar mais a experimentação ativa e a experiência concreta. Demonstra comportamentos típicos do estilo, tais como se envolver com experiências novas e desafiadoras, transferir o discurso para a prática, assumir riscos e realizar.

O modelo de ciclo de aprendizagem pode ser assim representado:

Figura 12
Ciclo de aprendizagem

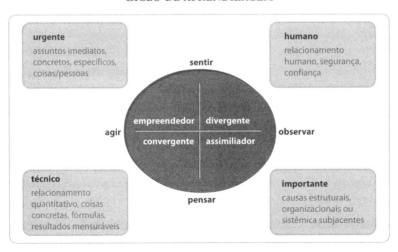

Resultados de aprendizagem

Vejamos qual é a tendência quanto ao estilo predominante conforme os resultados apontados no exemplo mostrado na figura 13:

Figura 13
ESTILO DE APRENDIZADO

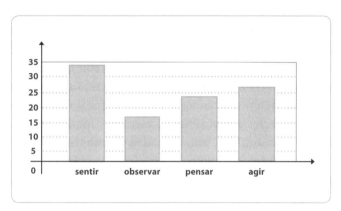

Os parâmetros para análise são o equilíbrio ótimo que resultaria da utilização proporcional dos quatro atributos. No caso desse exemplo, a ponderação dos eixos sentir-pensar e observar-agir aponta a tendência para o estilo empreendedor.

Obstáculos à aprendizagem

Crainer[69] aponta sete obstáculos à criação da organização de aprendizagem:

A) Os gerentes não gostam de "abrir mão" do poder:

Na organização de aprendizagem, os gerentes devem abrir mão de grande parte do poder que detêm sobre os funcionários. Na organização

---

[69] CRAINER, S. *Grandes pensadores da organização*: as ideias que revolucionaram o mundo dos negócios. São Paulo: Futura, 2000. p. 249.

tradicional, os gerentes controlavam os orçamentos relacionados ao treinamento de seu pessoal. Geralmente, víamos isso como um benefício do cargo que era concedido, ocasionalmente, quando o gerente julgasse conveniente.

B) Flexibilidade:

O aprendizado exige flexibilidade, além da predisposição para correr o risco de pensar em algo novo e sentir-se autorizado a experimentá-lo. É mais provável que os gerentes escondam seus erros do que venham a aprender com eles.

C) O trato com a incerteza:

Os gerentes precisam aprender a lidar com um ambiente mais nebuloso, pois a organização de aprendizagem cria incerteza e ambiguidade em áreas que, anteriormente, eram mais claras.

D) A aceitação da responsabilidade:

A responsabilidade do aprendizado deve ser assumida pelos próprios indivíduos; eles mesmos devem criar e perseguir suas próprias oportunidades de aprendizado, ao invés de transferirem culpa a outros.

E) O desenvolvimento de novas habilidades:

Torna-se necessário o desenvolvimento de novas habilidades, especialmente as de saber ouvir e atuar como facilitadores. Apenas dar ordens não agrega valor ao aprendizado.

F) A confiança:

Os gerentes devem superar suas dificuldades e aprender a confiar mais nas pessoas, deixando de lado suas habituais formas de trabalho, fundamentadas nos conceitos de divisão e controle.

G) A incapacidade:

Ainda que muitas pessoas considerem importante a experiência pessoal adquirida, há a incapacidade de aprender com a experiência, vista pela maioria das organizações.

Gestão de talentos

Expectativas de desempenho

Segundo Gubman,[70] gerir o talento é a habilidade que determina o sucesso ou o fracasso na atual sociedade da informação. Para esse autor, as empresas esperam valores básicos de seus empregados – honestidade, integridade, ética e respeito.

As organizações têm, ainda, pelo menos, quatro expectativas de desempenho de seus empregados em níveis muito maiores do que os já apresentados, a saber:

- sentido de urgência – os clientes não esperam, muito menos as mudanças;
- resultados – em níveis muito além dos habituais, e esses níveis continuam a subir;
- aprendizado – novas competências, aprendizado contínuo, de forma a agregar valor inteligente aos produtos e serviços;
- colaboração – melhor maneira de compartilhar o conhecimento e criar novos resultados.

Por outro lado, os empregados desejam quatro tipos de liberdade de seus empregadores:

- para não se preocupar – ambiente livre de quaisquer restrições ao desempenho;

---

[70] GUBMAN, E. *Talento*: desenvolvendo pessoas e estratégias para obter resultados extraordinários. Rio de Janeiro: Campus, 1999. p. 14.

- para dar o foco – ambiente de justiça nas práticas gerenciais, apoio à resolução de problemas pessoais e outros esforços de baixo custo que são mais do que pagos pelo aumento da concentração e da produtividade;
- para aprender – ambiente propício para oportunidade de aprendizado;
- para correr riscos – ambiente que permite correr riscos prudentes e apropriados, sem punição por um erro ocasional.

A verdadeira fonte de vantagem competitiva não é o conhecimento, mas o talento. Talento é um recurso escasso, embora recrutar e reter (ou iniciar e engajar) talentos estejam intimamente associados à gestão do conhecimento. É o talento colocado à disposição da equipe que faz diferença no sucesso da organização.

Autogerenciamento

Uma opção para a criação e o desenvolvimento de talentos é a de gerenciar a si mesmo.

Para Peter Drucker,[71] um número cada vez maior de pessoas tem de gerenciar a si mesmas, procurando-se colocar onde podem dar sua maior contribuição, aprendendo como e quando mudar o que fazem, como fazem, quando e quanto fazem.

Todo sistema organizacional – para que se desenvolva competitivamente e alcance o sucesso – deve alterar sua estrutura, suas atividades, seus conhecimentos e suas competências requeridas. Por isso, devemos estar preparados para mais de um trabalho, mais de uma atribuição, mais de uma carreira. Sob a pressão dessas novas demandas, para que possamos nos gerenciar, devemos tentar responder às seguintes perguntas:

- Quais são minhas forças?
- Como é meu desempenho?
- Qual é meu lugar?
- Qual é minha contribuição?
- Sou responsável por meus relacionamentos?
- Que fazer na segunda metade de minha vida?

---

[71] DRUCKER, P. *Desafios gerenciais do século XXI*. São Paulo: Pioneira, 1999.

Coleção Gestão de pessoas

O autoconhecimento:

- permite-nos manter a autocrítica, mesmo em meio a emoções turbulentas;
- proporciona-nos mais coragem para assumir responsabilidades por nossos atos;
- conscientiza-nos da forma como nós mesmos sabotamos nossas ações – adiando, repetindo, complicando, limitando-nos, desanimando-nos, duvidando, distraindo-nos com o futuro ou com o passado;
- aumenta nossa capacidade de nos relacionarmos com nós mesmos e de controlarmos nossos impulsos, tolerarmos frustrações;
- ajuda-nos a combater pensamentos negativos ou preocupações excessivas que prejudicam nossas mentes, nossos corpos e nossas almas;
- torna-nos mais conscientes e preparados para que construamos uma base sólida para nossos relacionamentos de forma geral, porque amplia nossa percepção sobre o outro e nossa capacidade de empatia.

Para otimizar o autogerenciamento, devemos:

- concentrar-nos em pontos fortes, em que eles podem produzir desempenho e resultados;
- melhorar os pontos fortes, em que necessitamos aperfeiçoar conhecimentos ou habilidades;
- reconhecer áreas em que nossa arrogância intelectual conduz à ignorância incapacitadora;
- corrigir maus hábitos – o que fazemos ou no que falhamos – que inibem nossos desempenhos e resultados;
- reconhecer falhas na obtenção de resultados devido à falta de cortesia ou de maneiras;
- reconhecer áreas em que não temos talentos, habilidades ou condições necessárias;
- despender o menor esforço possível em melhorar áreas em que demonstramos baixa competência.

Além disso, o autogerenciamento requer que assumamos a responsabilidade pelos relacionamentos. Para sermos efetivos, devemos:

- compreender as pessoas com quem trabalhamos e das quais dependemos;
- reconhecer e fazer uso de seus pontos fortes, seus modos de trabalhar, seus valores;
- assumir a responsabilidade pelas comunicações.

Devemos, ainda, perguntar-nos:

- Quem necessita conhecer isso?
- De quem eu dependo?
- Quem depende de mim?

A partir das respostas a essas questões, devemos criar mecanismos para efetivar e otimizar nossa comunicação com as pessoas.

Nossas mensagens têm de ser recebidas da melhor forma possível, seja por leitores, seja por ouvintes.

Conflitos de personalidade

Conflitos de personalidade, em geral, resultam do desconhecimento que envolve pessoas que atuam em um mesmo processo, pois nem sempre sabemos o que os outros estão fazendo, como fazem seu trabalho, os pontos em que estão concentrando sua atenção nem os resultados que esperam obter.

Para minimizar esses conflitos, devemos evitar ruídos em nossa comunicação, expondo, com clareza, quais são nossos valores, nossas qualidades, nossos objetivos, qual é o modo como trabalhamos, em que planejamos nos concentrar e que resultados esperamos obter.

Sistemas de recompensas

Já vimos que o talento se manifesta quando suas decisões e ações são convertidas em resultados concretos, criativos e singulares. Ora, esses resultados devem ser reconhecidos e recompensados. Hoje, os sistemas de recompensas passam a focalizar mais a contribuição total do empregado, além dos resultados empresariais alcançados.

Há empresas, como a Nike e a Gore, que enfatizam o pagamento às pessoas, e não ao cargo. Por exemplo, elas observam a contribuição total, definida por meio de uma combinação de fatores como impacto; efetividade; realizações passadas, presentes e futuras; expectativas de valor; realizações notáveis, habilidades e talentos especiais; tempo e empenho no cargo; liderança e trabalho em equipe.[72]

Geralmente, essas empresas têm planos de participação por desempenho, por ganhos, por lucro, por promoverem incentivos de grupo, planos de ações direcionados para a aposentadoria, e por pacotes de benefícios que oferecem a seus empregados para cuidar de uma ampla variedade de necessidades.

Todavia, parecem ainda faltar, em muitas empresas, práticas que favoreçam o conhecimento da organização e de seu setor de atuação, o autoconhecimento, o desenvolvimento de relações de confiança e o comprometimento com os resultados pessoais e organizacionais.

Ambiente organizacional

Competências essenciais

Os talentos estão sendo gerenciados em uma época em que diminui a ênfase na busca de segurança, estabilidade e conservação do que já mostrou ser sucesso para dar lugar à capacitação, inovação e flexibilidade. Para tratar das competências na realidade organizacional, as empresas começaram a repensar o conceito de postos de trabalho, abandonaram os princípios de estabilidade dos cargos e cederam à ideia de que as pessoas ampliam seu conjunto de atribuições e responsabilidades de acordo com o aumento de sua capacitação, coerente e alinhada com as necessidades da organização. Desse modo, buscam a flexibilidade necessária para a adaptação e o alinhamento dinâmico constante às necessidades de mudanças impostas pelos ambientes interno e externo.

---

[72] GUBMAN, E. *Talento*: desenvolvendo pessoas e estratégias para obter resultados extraordinários. Rio de Janeiro: Campus, 1999. p. 126.

O conceito de competências adquire a dimensão organizacional com a proposição do termo *competências essenciais* por Prahalad e Hamel.[73/74]

As competências essenciais correspondem aos recursos internos de que as organizações dispõem para a obtenção de vantagens competitivas em relação a seus concorrentes. Segundo esses autores, tais competências devem atender aos seguintes requisitos:

- trazer reais benefícios aos consumidores;
- ser difíceis de imitar;
- possibilitar acesso a diferentes mercados.

As competências essenciais são intensificadas e passam a constituir fontes sustentáveis de diferenciais competitivos quando são aplicadas e compartilhadas pelas pessoas a partir da transferência e circulação do conhecimento na organização.

Para McLagan,[75] que pensa competência como a entrega e as características da pessoa que podem ajudá-la a entregar o resultado de seu trabalho com maior facilidade, o conceito de competências essenciais caracteriza a aplicação do conhecimento disponível, resultando em produtos e serviços voltados para o atendimento às necessidades de clientes específicos. Nesse processo, os conhecimentos, as habilidades e as atitudes necessários à geração dos produtos e resultados requeridos são de extrema relevância.

Esse quadro fornece também insumos para a concepção de instrumentos de gestão de pessoas, visto que são explicitadas as necessidades de desenvolvimento dos profissionais a partir da comparação entre o nível de competências requerido e o demonstrado.

---

[73] PRAHALAD, C. K.; HAMEL, G. *Competindo para o futuro*: estratégias inovadoras para obter o controle de seu setor e criar os mercados de amanhã. Rio de Janeiro: Campus, 1995.

[74] PRAHALAD, C. K. Reexame das competências, *HSM Management*, 1999. Disponível em: <www.unicap.br/marina/reexame.html>. Acesso em: 4 nov. 2011.

[75] McLAGAN, P. A. Competencies: the next generation. *Training and Development*, v. 51, n. 4, p. 40-47, May 1997.

Educação corporativa

Meister[76] aponta que "a missão da educação corporativa é formar e desenvolver pessoas para a gestão dos negócios, promovendo a gestão do conhecimento organizacional, através de um processo de aprendizagem contínua". Seu objetivo geral é o de "desenvolver o profissionalismo essencial para a viabilização da estratégia empresarial".

São seus objetivos específicos:

- despertar nas pessoas a vocação para o aprendizado;
- incentivar e estruturar atividades de autodesenvolvimento;
- motivar e reter os melhores talentos;
- responsabilizar as pessoas por seu processo de autodesenvolvimento.

Para essa autora,[77] "a educação corporativa deve ter como objetivo o desenvolvimento de competências críticas, com foco nas competências essenciais, de área e individuais, privilegiando o aprendizado organizacional e fortalecendo a cultura corporativa".

Seus participantes são tanto internos (empregados) quanto externos (clientes, parceiros, fornecedores), e seus programas devem-se concentrar nas necessidades da organização e dos negócios.

Entre os princípios que devem nortear a educação corporativa, destacam-se:

- propiciar oportunidades de aprendizagem que forneçam suporte para a empresa atingir seus objetivos;
- desenhar programas que incorporem cidadania, contexto e competências;
- adotar o modelo de aprendizagem múltipla;
- estimular o comprometimento dos gestores para com o processo de aprendizagem;
- desenvolver e implantar sistemas de avaliação do investimento e dos resultados obtidos.

---

[76] MEISTER, J. C. *Educação corporativa*: a gestão do capital intelectual através das universidades corporativas. São Paulo: Pearson Makron Books, 1999.

[77] Ibid.

A inovação, a flexibilidade e a agilidade são as marcas da era do conhecimento neste século. A era do comando está descartada. Hoje, o avanço da tecnologia permite o uso do espaço virtual no processo de aprendizagem.

Nesse contexto, o diferencial decisivo da competitividade reside no grau de capacitação dos talentos, em todos os níveis da organização e em todos os níveis da cadeia produtiva – fornecedores, investidores, comunidade.

Com a transformação na natureza do trabalho, as fronteiras organizacionais tornam-se cada vez mais tênues, as estruturas organizacionais estão menos hierárquicas, mais enxutas e participativas. Agora, o trabalho deve ser cultivado nas relações com fornecedores, sócios, clientes, agentes da comunidade, competidores, etc. O empregado, por sua vez, luta para manter a empregabilidade, procurando se adaptar à nova situação, reaprendendo continuamente.

Por essas razões, as empresas competitivas estão, cada vez mais, gerenciando a educação corporativa de forma estratégica, proativa e contínua.

"A palavra mais poderosa de nosso vocabulário é *perceber*. Se você não percebe seu ambiente, não pode interagir com ele de forma eficaz."[78] Por esse motivo, os programas de educação corporativa devem privilegiar a ampliação do autoconhecimento de modo a se evitarem as eventuais distorções de nossos filtros perceptuais. Devem, também, estar atrelados às competências essenciais requeridas e às necessidades estratégicas da organização, e seus resultados devem ser estabelecidos de forma que possamos mensurá-los. Seus serviços devem atingir clientes, fornecedores, investidores – isto é, toda a cadeia produtiva do negócio, focando no desenvolvimento de talentos e criando sinergia para obtenção dos resultados pessoais ou organizacionais.

Contudo, muitos programas de educação corporativa ainda priorizam habilidades técnicas e funcionais, com abordagens táticas e operacionais, sem alinhar os programas de desenvolvimento à estratégia da organização.

---

[78] ROBBINS, H.; FINLEY, M. *Por que as equipes não funcionam*: o que não deu certo e como torná-las criativas e eficientes. Rio de Janeiro: Campus, 1997. p. 161.

Universidades corporativas

Cientes do novo cenário, as empresas bem-sucedidas estão trazendo a escola para dentro de suas paredes. Dessa forma, são criadas as universidades corporativas, espaços que se constituem em alternativas estratégicas para o desafio do empresariamento do capital intelectual na era do conhecimento.

Eboli[79] destaca as diferenças mais relevantes entre as características de um centro de treinamento tradicional e as de uma universidade corporativa:

Quadro 6
CENTRO DE TREINAMENTO TRADICIONAL
VERSUS UNIVERSIDADE CORPORATIVA

Centro de T&D tradicional	⟶	Universidade corporativa
Desenvolver habilidades.	OBJETIVO	Desenvolver competências críticas.
Aprendizado individual.	FOCO	Aprendizado organizacional.
Tático.	ESCOPO	Estratégico.
Necessidades individuais.	ÊNFASE	Estratégia de negócios.
Interno.	PÚBLICO	Interno e externo.
Espaço real.	LOCAL	Espaço real e virtual.
Aumento das habilidades.	RESULTADOS	Aumento da competitividade.

---

[79] EBOLI, M. Educação corporativa e desenvolvimento de competências. In: DUTRA, J.; FLEURY, M. T. L.; RUAS, R. (Orgs.) *Competências*: conceitos, métodos e experiências. São Paulo: Atlas, 2008. p. 180.

Para Eboli:[80]

> *a missão da Universidade Corporativa consiste em formar e desenvolver os talentos na gestão de negócios, promovendo a gestão do conhecimento organizacional (geração, assimilação, difusão e aplicação), por meio de um processo de aprendizagem ativa e contínua.*

As universidades corporativas podem operar como centros de resultados e como negócios em si, autossuficientes de recursos, podendo, se necessário, vender seus serviços ao mercado.

Nesse sentido, o foco de uma universidade corporativa deve-se constituir nas atividades que tragam resultados mensuráveis para o negócio ou que estejam relacionadas à estratégia de cada unidade de negócios da organização.

Uma pesquisa realizada em 2001 junto a 30 empresas de diversos setores, das quais 30% foram classificadas entre as melhores para trabalhar em 2007 pelas revistas *Exame* e *Você S.A.*, apontava que:[81]

- em 84%, a estratégia, as diretrizes e as práticas de RH estavam alinhadas ao negócio da empresa, sendo que 56% das empresas tinham as competências essenciais identificadas total ou parcialmente;
- em 94%, os programas educacionais estavam alinhados às estratégias da organização, sendo que, em 59%, a empresa adotava o modelo de educação corporativa;
- em 68%, a empresa criava oportunidades de aprendizagem contínua, sendo que, em 45%, havia um tempo adequado para que os funcionários participassem dos programas de aprendizagem;
- em 49%, a alta administração estava comprometida com o processo de educação corporativa, sendo que, em 24%, os gestores e líderes assumiam o papel de *coach* e docente responsável pela aprendizagem;

---

[80] EBOLI, M. Gestão do conhecimento como vantagem competitiva: o surgimento das universidades corporativas. In: _____. *Universidades corporativas*. São Paulo: Schumaker, 1999. p. 112.

[81] GDIKIAN, E. A.; SILVA, M. C.; EBOLI, M. Educação corporativa: um estudo exploratório em empresas de destaque. In: FISCHER, A. L.; DUTRA, J. S.; AMORIM, W. A. C. (Orgs.) *Gestão de pessoas*: desafios estratégicos das organizações contemporâneas. São Paulo: Atlas, 2009. p. 184-188.

Coleção Gestão de pessoas

- em 40%, a empresa adotava estratégias de comunicação voltadas para educação corporativa, sendo que, em 28%, o público-alvo da educação era toda a cadeia de valor;
- em 12%, a melhoria obtida com a implantação de um sistema de educação corporativa era mensurada.

Nos últimos 10 anos, com as mudanças tecnológicas, econômicas e a entrada da geração Y, a situação apontada na pesquisa se alterou radicalmente. Hoje, a geração que desponta na linha de frente das empresas pensa mais como profissionais independentes que possuem empregabilidade, que podem mover-se com velocidade proporcional a seu talento. Consequentemente, o conceito de lealdade mudou. Essa geração está mais em busca de clientes do que de emprego.

É nesse contexto que a educação corporativa surge para desempenhar um papel fundamental no desenvolvimento de talentos, ensinando-os a tomar decisões baseadas em valores como ética, respeito, integridade e solidariedade, em um compromisso de corresponsabilidade entre a empresa e seus empregados.

Liderança a distância

Cada vez mais, o exercício da liderança voltada para resultados está localizado fora das paredes das empresas. É preciso repensar a liderança, ouvindo mais aqueles que estão na linha de frente.

Nesse novo cenário, o líder tem como grandes desafios:

- liderar pessoas fora de sua equipe, seus chefes e seus pares;
- mudar sua mentalidade, construir pontes internas e externas que liberem a criatividade dos talentos;
- criar mecanismos que articulem da melhor forma, internamente à empresa, clientes, fornecedores e comunidade ao longo da cadeia econômica;
- desenvolver tolerância à ambiguidade;
- ampliar sua capacidade de decidir e influenciar culturas diferentes.

O contato diário e pessoal entre chefe e subordinado é cada vez mais raro no futuro, além das diferentes gerações em convívio. Isso se constitui em mais um desafio do líder – liderar a distância.

Com a revolução da tecnologia da informação, a autoridade para liderar está no poder que o líder possui de acessar informações com a velocidade requerida e influenciar pessoas a usarem essas informações para a produção de resultados.

Softwares de relacionamento social (*Twitter, Facebook*, etc.) e de produção de conteúdo colaborativo (*Wiki, YouTube, blogs*, etc.) são, juntamente com os *sites* de busca e *e-mails*, as categorias mais acessadas na internet. As perspectivas de crescimento do uso de meios digitais apontam para um aumento desses *softwares* como canal de relacionamento, comunicação e pesquisa para as empresas, e os gestores deste século devem utilizá-los, cada vez mais, no exercício da liderança de suas organizações.

As transformações alteram, profundamente, o exercício da liderança. Hoje, faz-se necessário integridade, criatividade, empreendedorismo, orientação para resultados e experiência diversificada em várias áreas do empreendimento. Essa conjuntura mostra, claramente, o desafio das organizações relacionado à geração de conhecimento e à criação de condições para sua aplicação. Só isso promove o desenvolvimento de competências de seus profissionais com vista à elevação da competitividade.

Aprendizagem e memória organizacional

Nossos afetos, nossas sensações e nossas emoções nos motivam, direcionam o foco de nossa atenção e fazem com que aprendamos. A aprendizagem pode ser vista como um processo neural complexo que constrói memórias. Trata-se de uma experiência pessoal que nos leva a um círculo virtuoso: quanto mais aprendemos, maior se torna nossa capacidade de aprender.

São fatores que favorecem a aprendizagem:

- intenção;
- curiosidade;
- autodisciplina;

- autoconhecimento;
- autoconfiança;
- atenção – foco;
- comunicação;
- relacionamento;
- cooperação;
- intercâmbio;
- busca contínua de capacitação e qualificação das pessoas e das organizações;
- objetivos organizacionais explicitados e partilhados, com a comunicação fluindo entre níveis e unidades funcionais;
- visão sistêmica e dinâmica da organização.

Admite-se que, para o longo prazo, se os líderes quiserem acelerar o crescimento de suas empresas acima da média do setor ou da economia como um todo, precisarão inovar seus produtos e modelos de gestão, desenvolvendo uma capacidade sistêmica de inovação, tornando-a uma capacidade *onipresente* em suas organizações. Nesse sentido, Gibson e Skarzynski[82] afirmam que "quase todos os gestores reconhecem que precisam não só de um programa de eficiência, mas de uma nova mentalidade estratégica – a inovação radical, que é a única opção para gerar novas empresas".

As organizações podem ser vistas como vastos repositórios de conhecimentos gerados a partir de interações entre os indivíduos, com a influência de suas rotinas, suas práticas, seus padrões culturais e suas relações de trabalho.

Walsh e Ungson[83] definem esses repositórios como uma memória organizacional composta por indivíduos, cultura, transformação, estrutura, ecologia, entre outros.

Os fatores que caracterizam esses repositórios são os seguintes:

---

[82] GIBSON, R., SKARZYNSKI, P. *Inovação prioridade nº 1*: o caminho para transformações nas organizações. Rio de Janeiro: Campus, 2008. p. 12.

[83] WALSH, J. P.; UNGSON, G. R. Organizational memory. *The Academy of Management Review*, v. 16, n. 1, p. 57-91, jan. 1991.

A) Retenção de informações pelos indivíduos:

Baseia-se em sua capacidade de lembrança, juntamente com as orientações cognitivas utilizadas para o processamento das informações. Essa memória organizacional está também nos processos de transformação pelos quais as organizações passam – modificação em procedimentos, rotinas e sistemas formalizados, que são mecanismos para preservar o conhecimento acumulado e disponível para as pessoas.

B) Cultura organizacional:

Engloba experiências passadas que podem ser utilizadas para lidar com o futuro. Essas informações aprendidas são incorporadas à linguagem, às estruturas de trabalho compartilhadas, aos símbolos, assim como às histórias do grupo e da empresa.

C) Estrutura organizacional:

Possui implicações no papel, no comportamento e no relacionamento com o ambiente. O papel dos indivíduos, juntamente com codificações formais e informais que evidenciam comportamentos corretos e posturas a serem seguidas, constitui um repositório em que as informações organizacionais são estocadas.

D) Estrutura física e ecologia do ambiente de trabalho:

Codificam e revelam grande quantidade de informações úteis para a tomada de decisão.

Renovação do conhecimento organizacional

Walsh e Ungson[84] ressaltam a relevância de mobilizar e renovar o conhecimento estocado na organização, aumentando sua flexibilidade.

---

[84] WALSH, J. P.; UNGSON, G. R. Organizational memory. *The Academy of Management Review*, v. 16, n. 1, p. 57-91, jan. 1991.

O simples acúmulo de recurso não traz eficiência. Pode até ser um problema, visto que sua cristalização tende a criar resistências à implementação de mudanças e inovação.

Argyris e Schön[85] apontam, ainda, para a existência de agentes de aprendizado na memória organizacional. Esses agentes podem ser identificados em elementos das rotinas organizacionais – que são verdadeiras fontes de aprendizado. Isso possibilita o desenvolvimento de novos *insights*, novas experiências e novas competências. Dessa forma, a capacidade de aprendizagem dinamiza a memória, constituindo uma inteligência organizacional que transforma os dados e as informações em um patrimônio de conhecimento – o qual deve ser disponibilizado como um todo e para todos.

---

[85] ARGYRIS, C.; SCHÖN, D. *Organizational learning*: a theory of action perspective. Massachusetts: Addison-Wesley, 1978.

Autoavaliações

Questão 1:

Para identificar os talentos e suas potencialidades, os gestores devem estar atentos ao comportamento de seus empregados.

Um tipo de comportamento dos colaboradores que fornece indicações que facilitam a descoberta de talentos é:

a) a orientação sexual.
b) a postura ante a vida, sua religião.
c) os objetivos de vida, os planos, as prioridades.
d) a forma de solucionar problemas financeiros.

Questão 2:

Um instrumento importante para o processo de identificação dos estilos de uma pessoa é a entrevista pessoal, que fornece subsídios valiosos para o delineamento do perfil do indivíduo.

Podemos afirmar que o perfil do indivíduo, elaborado a partir da entrevista pessoal:

a) só interessa à área de RH.
b) é mais útil para o entrevistado.
c) é mais útil para o gestor de pessoas.
d) é útil tanto para o gestor de pessoas quanto para o colaborador.

Coleção Gestão de pessoas

Questão 3:

O estilo de aprendizagem identifica o modo como lidamos com as situações cotidianas e aprendemos com elas. Esse modelo se pauta no ciclo de aprendizagem sentir-observar-pensar-agir.

Com relação a esse ciclo de aprendizagem, sentir-observar-pensar-agir estão, respectivamente, ligados à:

a) experiência concreta, observação e reflexão, conceitualização abstrata, e experimentação ativa.
b) conceitualização abstrata, experiência concreta, observação e reflexão, e experimentação ativa.
c) experiência concreta, conceitualização abstrata, observação e reflexão, e experimentação passiva.
d) experimentação ativa, experiência concreta, observação e reflexão, e conceitualização abstrata.

Questão 4:

Ao falarmos de competências essenciais, sai de cena o conceito de estabilidade, e entram os de capacitação e flexibilidade.

Para tratar das competências na realidade organizacional, as empresas começaram a repensar o conceito de postos de trabalho:

a) cultivando os princípios de estabilidade dos cargos.
b) conservando o conjunto de atribuições de cada funcionário.
c) garantindo a flexibilidade necessária para a adaptação constante às mudanças impostas pelos ambientes.
d) não cedendo à ideia de que as pessoas ampliam seu conjunto de atribuições de acordo com o aumento de sua capacitação.

Competências gerenciais /

Questão 5:

Sistemas organizacionais precisam desenvolver-se competitiva e colaborativamente para alcançarem sucesso.

Para isso, podemos afirmar que, sistematicamente, é necessário:

a) manter seus conhecimentos.
b) conservar suas pessoas requeridas.
c) alterar sua estrutura e seu funcionamento.
d) garantir que suas atividades permaneçam iguais.

Questão 6:

Com as constantes mudanças na natureza do trabalho, as fronteiras organizacionais tornam-se cada vez mais tênues. Para enfrentar tais desafios, as corporações precisam evoluir para um modelo que se paute na aprendizagem – aprender em qualquer lugar, a qualquer hora.

Dessa forma, os programas de educação corporativa precisam enfatizar mais:

a) o real que o virtual.
b) o passado que o futuro.
c) o como pensar que o como fazer.
d) o gerenciamento que o empresariamento.

Questão 7:

O diferencial das empresas de sucesso é a capacidade de atrair e manter a fidelidade de investidores e clientes.

Para auxiliar nessa tarefa, os programas de educação corporativa buscam aumentar o capital:

a) social.
b) de giro.
c) humano.
d) intelectual.

Questão 8:

Peter Senge aponta cinco componentes – disciplinas – que vêm convergindo para inovar as organizações.

Entre tais componentes, **não** podemos citar:

a) modelos mentais.
b) visão compartilhada.
c) pensamento sistêmico.
d) aprendizado individual.

Competências gerenciais

Questão 9:

Segundo Elliott, a capacidade de trabalho de um indivíduo apresenta um padrão de crescimento que se correlaciona, diretamente, com sua idade cronológica.

Em vista disso, a capacidade de trabalho de um indivíduo:

a) cresce de forma regular e pode ser prevista.
b) cresce de forma irregular, mas pode ser prevista.
c) não pode ser prevista embora cresça de forma regular.
d) cresce de forma irregular e, por isso, não pode ser prevista.

Questão 10:

Os estilos de aprendizagem sinalizam a forma como o indivíduo enxerga as situações do dia a dia e como lida com elas. Em vista disso, os estilos divergente, assimilador, convergente e empreendedor resultam da combinação dos diferentes estágios de aprendizagem.

Entre esses estilos, o divergente caracteriza-se pela combinação entre:

a) pensar e agir.
b) sentir e pensar.
c) observar e agir.
d) sentir e observar.

Módulo IV – Desenvolvimento de equipes

Módulo IV – Desenvolvimento de equipes

Neste módulo, trataremos do trabalho em equipe – equipes como espaço de apropriação de conhecimentos e experiências para a solução de problemas, e equipes como desafio para a geração de resultados nas organizações. Inicialmente, descreveremos as dimensões de um trabalho em equipe visando ao alto desempenho. Analisaremos, então, as relações interpessoais, o clima emocional e o poder.

Falaremos, ainda, dos programas de desenvolvimento do trabalho em equipe. Nosso foco aqui será sua organização, sua implementação e sua avaliação.

Fecharemos este módulo tratando do que devemos observar quando planejamos reuniões em equipe, relembrando questões relativas a seu planejamento e a sua avaliação.

Desenvolvimento de equipes

Um grupo é um conjunto de duas ou mais pessoas que interagem entre si de tal forma que cada uma influencia e é influenciada pelas demais.

Já uma equipe de trabalho é um conjunto pequeno de pessoas com qualificações complementares, comprometidas com um propósito, com metas de desempenho e com um enfoque comum, pelos quais se consideram mutuamente responsáveis.

Equipes apropriam-se de conhecimentos, aplicam experiências e, normalmente, têm *insights* para a solução de problemas, superando, assim, o desempenho daqueles que atuam sozinhos.

Na formação de equipes, desenvolver um processo de integração entre as diversas unidades de trabalho, preservar diferenças e potencializar esforços, energia e competências para a produtividade global são desafios para as organizações.

Ao criar uma equipe, podemos estabelecer objetivos gerais de seu trabalho. Contudo, cabem à equipe as decisões sobre papéis, distribuição de tarefas e abordagens de trabalho.

De acordo com Senge,[86] para atingir um desempenho elevado, a equipe deve buscar o alinhamento, que se constitui em um tipo de relacionamento em que cada um dá o melhor de si, ao mesmo tempo que se sente atuando como um todo. Ele enfatiza que não se trata de amizade, mas de conseguir "uma unicidade de direção", onde as "energias dos indivíduos" se harmonizam, em "um propósito comum, uma visão compartilhada e a compreensão de como complementar os esforços dos outros", de modo que "a visão compartilhada torna-se uma extensão de suas visões pessoais".

O que se busca é obter resultados e agregar valor por meio da colaboração entre pessoas.

---

[86] SENGE, P. M. *A quinta disciplina*: arte, teoria e prática da organização de aprendizagem. São Paulo: Best Seller, 2008. p. 262.

Competências gerenciais /

Autonomia das equipes

A autonomia de uma equipe pode variar bastante – de apresentar sugestões a trabalhar como unidade autogerenciada.

Uma equipe se autogerencia quando:

- dirige seu próprio trabalho;
- fixa objetivos relacionados às estratégias organizacionais;
- planeja como atingir suas metas;
- identifica e resolve problemas;
- toma decisões operacionais no escopo de sua autoridade;
- estrutura seu trabalho;
- contrata novos participantes.

Equipes autogerenciadas apresentam elevado desempenho. São constituídas por participantes profundamente comprometidos com o crescimento pessoal de cada um e com o sucesso deles e dos outros. Assim sendo, elas superam o desempenho de outras equipes, conseguem resultados muito além das expectativas e servem como *benchmarking* para outras equipes potenciais.

A evolução de uma equipe para o estágio do autogerenciamento requer investimento de tempo e educação para mudanças positivas nas pessoas; entretanto, seus resultados são muito significativos.

> *A aprendizagem em equipe é o processo de alinhamento e desenvolvimento da capacidade da equipe de criar os resultados que seus membros realmente desejam. Ela baseia-se na disciplina do desenvolvimento da visão compartilhada. E também no talento individual, mas sabendo "tocar juntos".*[87]

Pessoas que se desenvolvem com destaque tendem a apresentar uma somatória de competências em resultados somadas às competências

---

[87] SENGE, P. M. *A quinta disciplina*: arte, teoria e prática da organização de aprendizagem. São Paulo: Best Seller, 2008. p. 263.

interpessoais. Como diz Cashman,[88] "o domínio interpessoal é também equilibrar nossa influência corajosa, nossa palavra, com a conexão humana".

Engajamento

Uma equipe é um grupo de pessoas que se engaja, visando alcançar, de forma compartilhada, seus objetivos. Verdadeiro em sua comunicação e estimulando opiniões divergentes, esse grupo assume riscos e atua na base da confiança mútua, procurando resolver os problemas que afetam seu funcionamento. No entanto, para que se dê esse engajamento, é necessário que a equipe se desenvolva.

Nesse sentido, o desenvolvimento de equipes tem como objetivo agregar valor à efetividade de um grupo para atingir resultados. Trata-se de um processo de aprendizagem, que termina por influenciar toda a organização, já que muitas decisões e ações da empresa são feitas em equipe. Senge[89] destaca que essa aprendizagem atua em três dimensões organizacionais:

- na necessidade de se pensar, reflexivamente, sobre assuntos complexos;
- na necessidade de ação inovadora e coordenada, que pressupõe a confiança entre os membros e a percepção consciente de si e dos outros para agir de modo a complementar;
- nos papéis que os membros desempenham em outras equipes, podendo disseminar a pratica de aprendizagem em equipe.

Por ser um processo educacional, o desenvolvimento de equipes tem de ser permanente. Esse processo pressupõe mudanças significativas no plano pessoal e interpessoal, além de envolver conhecimentos, sentimentos, atitudes, valores, motivação, postura e comportamento.

---

[88] CASHMAN, K. *Liderança autêntica – de dentro de si para fora*: como se tornar um líder para toda a vida. São Paulo: M.Books, 2011. p. 89.

[89] SENGE, P. M. *A quinta disciplina*: arte, teoria e prática da organização de aprendizagem. São Paulo: Best Seller, 2008. p. 263.

Para que isso ocorra, Senge[90] propõe duas práticas: o diálogo, definido como "a exploração livre e criativa de assuntos complexos e sutis, uma profunda atenção ao que os outros estão dizendo e a suspensão dos pontos de vista pessoais", e a discussão, definida como "diferentes visões apresentadas e defendidas, buscando-se a melhor visão". Essas práticas devem ser usadas como um vaivém consciente para que possam levar a resultados efetivos.

Um dos fatores que afetam, positiva ou negativamente, o engajamento refere-se ao compartilhamento do conhecimento em grupos e equipes. Sabbag[91] aponta que esse compartilhamento é possibilitado pelo estabelecimento de relações significativas nos grupos e nas equipes, e é promovido ou inibido por condições estruturais, tais como:

Quadro 7
CONDIÇÕES ESTRUTURAIS

	Facilitadores	Obstáculos
	Relações fraternas, amistosas ou solidárias.	Relações antagônicas, de disputa ou competição.
	Intimidade é possível.	Intimidade é evitada.
Vínculos	União e coesão entre os membros do grupo; propósitos comuns.	Cizânia, desunião, intrigas, "dividir para reinar".
	Relações horizontais, de igualdade e de respeito às diferenças.	Relações hierárquicas, de autoridade discricionária.
	Pactos e compromissos, cumplicidade.	Obrigações são estabelecidas.

continua

---

[90] SENGE, P. M. *A quinta disciplina*: arte, teoria e prática da organização de aprendizagem. São Paulo: Best Seller, 2008. p. 264.

[91] SABBAG, P. Y. *Espirais do conhecimento*: ativando indivíduos, grupos e organizações. São Paulo: Saraiva, 2007. p. 175-176.

	Facilitadores	Obstáculos
	Disciplina e organização como regras de convivência grupal.	Normas burocráticas impostas ao grupo.
	Papéis definidos, mas circunstanciais.	Papéis cristalizados.
	Apoio disponível, inclusive emocional; animação e estímulo à superação de problemas.	Tarefas compartimentadas para a definição de responsabilidades; apoio só quando pleiteado, "dívidas de gratidão".
Processos	Liderança como papel outorgado pelo grupo e, portanto, circunstancial.	Liderança fixa e mantida pela força ou pela autoridade.
	Decisões colegiadas, participação estimulada nos processos grupais.	Decisões egoístas e centralizadoras.
	Autonomia relativa é fomentada.	Dependência e subordinação são exigidas.
	Problemas e soluções são compartilhados.	Busca de culpados, repartição das culpas.
	Reconhecimento e visibilidade das boas contribuições individuais.	Punição pelos erros, humilhação.

Para esse autor,[92] enquanto os tópicos relacionados com vínculos "são apenas estimulantes, os processos, além de instigarem a criação e codificação coletivas, fornecem meios para atingi-los".

---

[92] SABBAG, P. Y. *Espirais do conhecimento*: ativando indivíduos, grupos e organizações. São Paulo: Saraiva, 2007. p. 175-176.

Portanto, havendo percepção da complementaridade das habilidades e do compromisso coletivo baseado na confiança e na responsabilidade dos membros com o sucesso e o crescimento pessoal de si próprio e dos demais, opera-se com coesão e forte engajamento.

Organizações de alto desempenho

Organizações de alto desempenho baseiam-se na combinação de três tipos de equipes:

- equipes de trabalho – que projetam, fabricam e oferecem produtos ou serviços a um cliente, interno ou externo;
- equipes de melhoria – que fazem recomendações de mudanças na organização, em seus processos e em suas tecnologias, a fim de melhorar a qualidade, o custo e a adequação da oferta de produtos e serviços;
- equipes de integração – que garantem a coordenação do trabalho entre as outras duas equipes. Nesses três tipos de equipes, a palavra-chave é *interação*.

A interação entre as pessoas afeta tanto o desempenho de cada uma delas quanto o de todas elas – alterando, consequentemente, o desempenho individual ou coletivo esperado.

Há dois níveis possíveis para que a interação se dê, isto é, o nível da tarefa – atividades visíveis, observáveis – e o nível emocional dos processos interpessoais – sensações e sentimentos variados.

O desenvolvimento de uma equipe significa uma transformação qualitativa no todo, atingindo a profundidade dos sistemas pessoais e interpessoais, as percepções, os sentimentos, os pensamentos, os valores de seus participantes e da cultura do grupo. Dessa monta, a dimensão interpessoal:

- pressupõe o equilíbrio na relação do indivíduo consigo mesmo;
- proporciona segurança, postura positiva, construtiva e equilibrada na interação com o mundo;
- permite a abertura, a confiança, a espontaneidade, o respeito, a cooperação;
- pressupõe o equilíbrio na relação do indivíduo com o outro.

No que diz respeito ao equilíbrio consigo mesmo, estamos falando de motivação, ideologia, harmonia interna, autoaceitação e valorização, saúde, bem-estar físico, mental. Já o equilíbrio na relação do indivíduo com o outro se manifesta na forma e no grau de afeto: superficialidade, cordialidade, competição, colaboração, agressividade, compaixão, hostilidade, empatia.

Clima emocional

Cada equipe constrói um clima emocional próprio por meio das interações que se estabelecem entre seus membros. Esse clima afeta a tarefa e o desempenho global do grupo, caracterizando tendências de coesão e integração de esforços ou conflitos e desagregação.

Por exemplo, em culturas que privilegiam o aspecto material (o *ter*) em detrimento dos valores humanistas (o *ser*), a eficácia das relações interpessoais se compromete; estabelece-se uma relação utilitária de pessoas, como objeto de satisfação de necessidades e carências.

Com vistas à importância do clima emocional, empresas que evoluem do modelo estrutura-estratégia-sistemas para o modelo propósitos-processos-pessoas estão, por meio de medidas inovadoras e corajosas, abrindo, cada vez mais, espaços para que sentimentos e intuição possam transitar, livremente, pela organização. Esse processo corre paralelo ao arsenal técnico, constatando o enriquecimento nas tomadas de decisão e solução de problemas.

Dimensão do poder

Quando, no grupo, o papel de autoridade – líder, gerente, chefe, etc. – é previamente definido, com o direito de controlar o comportamento dos demais, podem emergir comportamentos explícitos ou implícitos de competição ou manipulação pela disputa de poder. Consequentemente, a tendência é a subdivisão, já que, em geral, facções passam a disputar, entre si, o poder.

Já em processos de influência social, exclui-se a autoridade formal – inquestionável. O poder passa a depender mais de atributos de personalidade, carisma, conhecimento, apoio, afeto e competência interpessoal. O líder formal deixa de ser o único a exercer a influência social. Ao mesmo tempo, afloram lideranças informais que facilitam ou dificultam a ação da liderança formal.

Aqui, são os influenciados que conferem poder ao influenciador, por meio dos elementos cognitivos e emocionais de sua percepção.

Nesse contexto, o relacionamento interpessoal entre o líder e os membros da equipe é relevante. Pode facilitar ou dificultar um clima de confiança, respeito e afeto, que propicie relações harmoniosas, cooperativas, criativas e produtivas.

Programa de desenvolvimento de equipe

Para Moscovici,[93] o desenvolvimento de equipe é um programa educacional que implica, além do treinamento em habilidades técnicas, administrativas, entre outras, uma intervenção psicossocial no sistema humano da organização. Para ser efetivo, o desenho desse programa deve levar em conta as necessidades, os objetivos e as características do grupo e da organização, compreendendo a aplicação, a inovação e o aprimoramento de conhecimentos, técnicas de dinâmica de grupo, laboratórios de aprendizagem e desenvolvimento interpessoal. Dessa forma, o desenvolvimento de equipes é uma transformação qualitativa do todo.

Tratando-se de um processo educacional, o desenvolvimento de equipes não tem fim, já que competências interpessoais e competências de tarefa aprimoram-se no dia a dia. Contudo, em um programa para o desenvolvimento de equipes, temos de planejar, pelo menos, duas fases.

O ponto de partida para desencadear um programa de desenvolvimento de equipe (fase 1) pode ser a realização de uma reunião ou de um seminário de grande impacto. Eventos como esses devem servir ao propósito de informar, motivar e agregar conhecimentos para o aperfeiçoamento profissional. Entretanto, nesses eventos, para que possamos alcançar a colaboração efetiva, devemos buscar o envolvimento, a participação, o interesse e o comprometimento de todos.

---

[93] MOSCOVICI, F. M. *Equipes dão certo*: a multiplicação do talento humano. São Paulo: José Olympio, 1994. p. 15, 97-104.

A partir da realização desses eventos, segue-se a fase do desenvolvimento de competências interpessoais (fase 2). Em geral, essa fase é mais demorada e trabalhosa, mas decisiva; quando uma equipe diagnostica suas dificuldades, conscientiza-se da necessidade de empreender seu desenvolvimento interpessoal.

Para Senge,[94] o desenvolvimento da equipe deve levar em conta o que Argyris[95] define como "rotinas defensivas": formas de interagir que protegem a nós e aos outros de constrangimentos, mas que dificultam a aprendizagem e se constituem, basicamente, em "passar por cima" das diferenças ou protestar além dos limites. Como o pensamento sistêmico nos leva a perceber que cocriamos a realidade com nossas ações, a equipe pode apresentar resistências a se ver como parte integrante da organização, influenciando seus problemas e podendo influenciar, também, as soluções. Enquanto as rotinas defensivas não são percebidas de forma consciente, a equipe segue criando os mesmos problemas que está tentando resolver, mantendo-se em um eterno círculo vicioso. "Mais do que outras estruturas analíticas, o pensamento sistêmico exige equipes maduras. Capazes de investigar problemas complexos e de conflito."[96]

Tanto na vida social como na vida corporativa, vivemos imersos na cultura que nos coloca, sempre, o conflito entre o eu e o nós, fazendo da jornada uma busca constante de equilíbrio dinâmico entre essas instâncias. A própria cultura fornece indicações de comportamentos aceitáveis ou não para esse conflito. O problema é que, na maioria das vezes, os comportamentos inaceitáveis em uma cultura vão para o que Jung chama de "sombra". E, para Cashman,[97] "a sombra é que as pessoas podem ser demasiadamente amáveis ou agressivamente passivas. Com frequência, elas evitam as conversas difíceis e conflitos construtivos".

Considerando, portanto, que as resistências cotidianas podem dificultar a formação de uma equipe e sua manutenção, é importante

---

[94] SENGE, P. M. *A quinta disciplina*: arte, teoria e prática da organização de aprendizagem. São Paulo: Best Seller, 2008. p. 265.

[95] ARGYRIS apud SENGE, P. M. A *quinta disciplina*: arte, teoria e prática da organização de aprendizagem. São Paulo: Best Seller, 2008. p. 265.

[96] SENGE, P. M. *A quinta disciplina*: arte, teoria e prática da organização de aprendizagem. São Paulo: Best Seller, 2008. p. 265.

[97] CASHMAN, K. *Liderança autêntica – de dentro de si para fora*: como se tornar um líder para toda a vida. São Paulo: M.Books, 2011. p. 89.

ressaltar que a disciplina de aprendizagem em equipe, como qualquer outra, exige prática e desempenho. Mas como fazer isso nas organizações modernas? Como praticar e aprender ao mesmo tempo que se deve apresentar resultados, atingir metas específicas? Como ensaiar durante a apresentação?

Uma das maneiras de fazer essa aprendizagem deliberada é exercitar, conscientemente, o diálogo. Segundo Bohm,[98] o diálogo tem um papel fundamental na aprendizagem de uma equipe. Ele mostra que o termo diálogo vem do grego *dialogos*, onde *dia* significa *por meio de*, e *logo* significa *palavra*. Ele busca mostrar que o diálogo pode correr entre várias pessoas, não sendo restrito a apenas duas, como, normalmente, imagina-se. Dessa forma, o diálogo é aplicável à equipe. Ao mostrar, de forma sistêmica, como funcionam integrados nossos modos de pensar, perceber a realidade e agir, Bohm abre a possibilidade para que a equipe, trabalhando com o diálogo, possa perceber que o pensamento de cada um é apenas um conjunto de fragmentos de um fluxo maior, que é coletivo. Se observarmos o mundo em que vivemos, veremos que nascemos em uma realidade que já foi construída por outros e deles recebemos valores, crenças, idiomas, instituições. Resta-nos aprender e dar nossa contribuição sabendo que mesmo nossa noção de *eu* faz parte desse pensamento coletivo que herdamos, e a inovação depende do pensar e do agir em conjunto.

Para Bohm, apesar de o mundo, no nível macroscópico, aparentar ser formado de partes, ele é, na realidade, indivisível no nível subatômico, de modo que observador e objeto observado são um só, e percepção e ação formam um todo integrado, criando realidade. Se o pensamento é coletivo, ele só pode ser aperfeiçoado coletivamente, por meio do diálogo, que busca uma participação do tipo *ganha-ganha*. Ele também ressalta que *discussão* tem a mesma raiz de *percussão* e *concussão*, que significa *analisar, estilhaçar*. É a comunicação quebrada, em que cada um apresenta seu ponto de vista, como em um jogo em que os participantes ficam jogando a bola para lá e para cá, com ênfase no tipo *ganha-perde*.

A equipe pode usar a *discussão* e o *diálogo* de forma disciplinada, mas é com o diálogo que ela consegue ir além das visões individuais, chegar a um resultado superior e ainda compreender o processo de pensamento

---

[98] BOHM, D. *Comunicação e redes de convivência*. São Paulo: Palas Athena Editora, 1996. p. 33-35.

de cada indivíduo e da equipe. Isso não significa, como diz Senge,[99] "interação entre os membros, mas participação num significado comum. A equipe adquire a capacidade de abordar questões difíceis e complexas sob vários prismas com suspensão dos pressupostos individuais.". O propósito do diálogo é revelar incoerências do nosso pensamento, que estabelece seu próprio padrão de referência para resolver problemas – os mesmos que contribuiu para criar, diga-se de passagem. Construímos, mentalmente, um teatro e passamos a operar nele, enquanto a realidade se transforma. A equipe que se desenvolve de forma sistêmica aprende a reconhecer o teatro e a operar na realidade, transformando-se e transformando-a. Para isso, a prática é fundamental.

Organização de equipes de trabalho

Para estruturar suas equipes de trabalho, as organizações de alto desempenho devem buscar:

- a reconcepção do trabalho em torno dos processos de negócios por meio da:
    - redefinição do trabalho de forma compartilhada, dando espaço à inovação e à criatividade, e concentrando-se em algumas questões estratégicas, em vez de reconceber tudo de uma vez;
    - organização das equipes em torno de processos como um todo, atribuindo responsabilidades à equipe por todos os aspectos do trabalho;
    - ampliação das responsabilidades de trabalho, delegando tarefas e autoridade, e fornecendo *feedback* imediato;
    - garantia do pronto acesso ao suporte técnico e a outros serviços;
    - concepção da estrutura com os detalhes para a equipe, gerando senso de propriedade;

---

[99] SENGE, P. M. *A quinta disciplina*: arte, teoria e prática da organização de aprendizagem. São Paulo: Best Seller, 2008. p. 269.

Competências gerenciais /

- a reconcepção dos sistemas de remuneração com base nas competências e nos resultados da equipe;
- a eliminação de avaliações do desempenho individual ou sua reconcepção com o objetivo de apoiar o trabalho em equipe;
- a definição de metas de desempenho ambiciosas e específicas para todas as equipes, nitidamente associadas à missão e à estratégia da empresa;[100]
- a definição do limite de membros em cada equipe; talvez, não mais de 20;
- a intervenção da alta liderança em situações críticas.

É importante ressaltar que, quando a empresa opta por desenvolver equipes que trabalhem de forma sistêmica, deverá criar condições para que os membros da equipe possam praticar o diálogo, contando com as seguintes condições:

- os participantes precisam ser orientados a *suspender* seus pressupostos, permanecendo conscientes deles, mas podendo examiná-los enquanto suposições, e não fatos;
- os participantes precisam ser orientados de que compõem uma equipe em que são parceiros, que devem buscar juntos novas ideias e compreensões que levem a resultados compatíveis com a razão de ser da organização;
- deve ser indicado um facilitador, ou um *coach*, que mantenha o contexto do diálogo na equipe, evitando que os hábitos defensivos se imponham, permitindo que os participantes percebam que são os pressupostos que estão sendo analisados, não as pessoas ou suas identidades. Compete a esse facilitador mostrar que cada pressuposto pode ser visto por vários ângulos diferentes.

É importante destacar que o diálogo, construído em uma relação de confiança onde as pessoas sintam a segurança de poder se mostrar sem correr o risco de serem julgadas ou punidas, é uma atividade divertida, onde se pode jogar e brincar com novas ideias, podendo levar a resultados criativos e inovadores.

---

[100] SENGE, P. M. *A quinta disciplina*: arte, teoria e prática da organização de aprendizagem. São Paulo: Best Seller, 2008. p. 270-274.

> *As equipes podem transcender a defensividade, desde que estejam verdadeiramente comprometidas com a aprendizagem. O que é preciso... é uma visão do que realmente queremos, tanto em termos de resultados da empresa quanto de como queremos trabalhar em conjunto, e um compromisso implacável com a expressão verdadeira da nossa "realidade atual".*[101]

Formas de avaliação

Os resultados obtidos por uma equipe devem ser avaliados periodicamente. Essa avaliação deve ser complementada pela análise da dinâmica estabelecida dentro da equipe. Aqui, interessa o que foi atingido e como foi atingido. Esse *feedback* permite revisão e reformulação sistemática nos processos interpessoais e da equipe.

Os progressos alcançados pela equipe podem ser avaliados, de forma relativamente objetiva, quando incluímos, na avaliação, indicadores relativos à produtividade, ao tempo consumido. Outros aspectos, embora tangíveis, são de mais difícil quantificação – por exemplo, conflitos, manipulações, manobras psicológicas, satisfação, etc.

Em conformidade com sua cultura racional-quantitativa, muitas organizações utilizam algumas técnicas de mensuração indireta, trabalhando com amostras comportamentais, as quais permitem inferir variáveis não explícitas e obter resultados numéricos.

Esse procedimento permite que os dirigentes – que valorizam e enfatizam tabelas, gráficos, números ao mesmo tempo que ignoram, no comportamento humano, os aspectos não passíveis de quantificação – não questionem a validade dos resultados psicossociais assim expressos.

Por sua vez, a avaliação qualitativa do trabalho desenvolvido pela equipe tem de ser participativa, compartilhada, feita pela própria equipe. Estamos falando aqui de autoavaliação, um instrumento de vida. Expor-se a si mesmo e explorar seus sentimentos em relação aos sucessos e aos fracassos significa crescimento pessoal e interpessoal.

Melhor ainda se essa autoavaliação é compartilhada. Isso possibilita o autodiagnóstico do grupo, pois desloca, a partir das situações

---

[101] SENGE, P. M. *A quinta disciplina*: arte, teoria e prática da organização de aprendizagem. São Paulo: Best Seller, 2008. p. 283.

individuais, o foco de análise para a equipe. Entretanto, a avaliação qualitativa requer motivação, maturidade, honestidade, coragem e ética. Senso crítico e objetividade facilitam autoavaliações mais realísticas.

Quando os processos qualitativos, humanos e subjetivos tiverem credibilidade – e isso for uma realidade reconhecida e aceita –, a valorização do ser humano deixará de ser um discurso filosófico-empresarial. Haverá confiança nas pessoas e crença no potencial humano. Nesse momento, as equipes poderão se autogerenciar.

Coaching de equipes

É importante considerar a possibilidade da realização de *coaching* de equipes. Clutterbuck[102] assinala que:

> *Nos primeiros estágios da formação de uma equipe, o coaching é mais eficaz quando destaca o esclarecimento da tarefa da equipe, reforça o seu comprometimento, estabelece normas sobre como irão trabalhar juntos, esboça os limites da equipe, de seus papéis e responsabilidades, e consolida a motivação inicial que caracteriza um bom início das atividades.*

Em seguida, quando a equipe se encontra na fase intermediária, quando seus membros têm alguma familiaridade com a tarefa e tempo para se sentirem ansiosos quanto à direção do trabalho e das metas estipuladas, a equipe estará muito mais propensa e interessada em discutir problemas estratégicos. O *coach* pode, então, assegurar que a equipe tenha as oportunidades de inspirar-se e refletir sobre o processo, a comunicação e os relacionamentos, e de revisar a própria estratégia.

Finalmente, quando a equipe se encontra na fase final do projeto, o *coach* pode incentivá-la a refletir sobre a aprendizagem e sobre como irá codificá-la, internalizá-la e disseminá-la.

Esse é um momento para o *coach* estimular uma avaliação exata e honesta das contribuições de cada membro e de como eles e a equipe cresceram.

---

[102] CLUTTERBUCK, D. *Coaching eficaz*: como orientar sua equipe para potencializar resultados. São Paulo: Gente, 2008. p. 119-120.

Muitas vezes, esse trabalho é complementado com aplicação de instrumentos que auxiliam no autoconhecimento dos participantes e que facilitam a compreensão mútua entre os membros da equipe.

Um dos instrumentos bastante utilizados é o Myers-Briggs Type Indicator® (MBTI®). Ou pode-se utilizar, também, o instrumento Predisposições para Motivação, Ação e Comunicação (PMAC). Empresas de portes variados os têm utilizado como ferramentas de auxílio para o autoconhecimento individual, e para orientar e facilitar a atuação em equipes. O MBTI® aborda preferências, e o PMAC aborda predisposições. O importante desses instrumentos é mostrar que nem um conjunto de preferências nem um conjunto de predisposições é melhor ou pior do que o outro. Tanto as preferências, como as predisposições influenciam nossa maneira de pensar, sentir e agir. É o contexto que determina quais são os mais ou menos adequados em uma determinada situação.

As duas ferramentas são poderosas tanto para o autoconhecimento e desenvolvimento individual quanto para o desenvolvimento de equipes, pois podem auxiliar as equipes a trabalharem com maior produtividade. Como todas as pessoas têm pontos fortes a oferecer e pontos fracos a superar, as equipes podem ser formadas de modo que as contribuições de seus membros sejam complementadas com os pontos fortes de uns suprindo os pontos fracos de outros. Somemos a isso que, quando os membros de uma equipe avançam no autoconhecimento e compreendem como os demais atuam e interagem, baseados em uma linguagem objetiva, podem aprimorar seu desempenho pessoal e coletivo, valorizando e fazendo bom uso da diversidade.

Fases de estruturação da equipe

Uma premissa para o trabalho de equipe é o nível de motivação do líder e dos demais membros do grupo – fator que influenciará, decisivamente, a predisposição psicológica para as atividades, assim como o comprometimento de cada um e de todos.

A motivação individual eleva a motivação do grupo; os objetivos são compartilhados com mais energia, entusiasmo e confiança.

Consoante Robbins e Finley,[103] as equipes, desde seu início até se constituírem em um grupo inteiramente funcional, passam por quatro fases previsíveis.

Na fase de formação, observam-se exploração, insegurança, ansiedade, desconhecimento, experimentação e baixa produtividade.

Na fase seguinte, da confusão (tormenta), são identificados comportamentos como impaciência com a falta de progresso, ansiedade para "decolar", estranheza entre os membros da equipe, frustração, defensividade, confrontos, hostilidade, formação de facções, luta pela identificação da missão, da meta, de papéis e produtividade ainda baixa.

À fase da confusão, segue-se a fase de normatização (aquiescência), na qual ocorre o estabelecimento de algumas regras. Identificam-se o sentimento e o orgulho de pertencer, a cooperação, a abertura à comunicação, a confiança, o maior interesse na harmonia do que nos resultados concretos, mas com produtividade ainda baixa.

Finalmente, na fase de desempenho (realização), ocorrem ganhos de confiança, assim como o consenso sobre quem é a equipe e o que pretende realizar. Percebe-se o uso de processos e procedimentos estruturados, maior comunicação, solução de conflitos, alocação de recursos e ampliação do relacionamento para além das fronteiras da equipe. Dessa forma, torna-se possível o compartilhamento de informações e pontos de vista de forma livre e construtiva, bem como a canalização do conflito para a descoberta de soluções criativas para os problemas.

Faz diferença quando os membros de uma equipe percebem-se como jogadores de um time ou como torcedores desse time.

> *Os jogadores representam o time não só quando estão usando o uniforme, mas todos os dias. Afinal, jogando ou não, eles fazem parte da equipe. Eles sabem as jogadas e têm participação direta no resultado de cada partida. Quando a estratégia do jogo funciona, é para eles que vão os elogios. Cada jogador conhece os pontos fortes dos outros membros da equipe e sabe tirar o máximo proveito deles. As vitórias e as derrotas são de todos, resultado do trabalho comum.[104]*

---

[103] ROBBINS, H.; FINLEY, M. *Por que as equipes não funcionam*: o que não deu certo e como torná-las criativas e eficientes. Rio de Janeiro: Campus, 1997. p. 205-220.

[104] SANDERS, D. J. *Empresas feitas para servir*. Rio de Janeiro: Sextante, 2011. p 58-59.

Já os torcedores não integrantes do time são aqueles que aplaudem quando tudo está dando certo, que criticam quando tudo está dando errado, que dão vários palpites de como as coisas devem ou não ser, mas não assumem a responsabilidade para se obterem os resultados nem investem no trabalho comum.

Contribuição dos líderes

O líder tem um papel fundamental no estabelecimento e fortalecimento da cultura de sua equipe.

Devemos sempre ter em mente que "o propósito está presente em como nos mostramos em qualquer atividade em que nos engajamos".[105] É fundamental encontrarmos o propósito da equipe e engajá-la para tornar claro como os dons que ela possui fazem a diferença.

Segundo Robbins e Finley:[106]

> *Líderes de equipes agregam valor alavancando os recursos e os resultados de uma organização além das expectativas. O resultado dessa liderança que agrega valor é um desempenho melhorado em quatro dimensões distintas: em si próprio e nos outros; em conscientização e escolha; no foco e na integração; em inovação e tomada de decisão.*

Para Mintzberg:[107]

> *Os gerentes passam bastante tempo ajudando a provocar comportamentos mais eficazes por parte das pessoas que gerenciam: motivando, persuadindo, apoiando, convencendo, fortalecendo, encorajando, envolvendo. Mas talvez tudo isso possa ser resumido se dissermos que, no papel de liderança, os gerentes ajudam a trazer à tona a energia que existe naturalmente dentro das pessoas.*

---

[105] CASHMAN, K. *Liderança autêntica – de dentro de si para fora*: como se tornar um líder para toda a vida, São Paulo: M.Books, 2011. p. 71.

[106] ROBBINS, H.; FINLEY, M. *Por que as equipes não funcionam*: o que não deu certo e como torná-las criativas e eficientes. Rio de Janeiro: Campus, 1997. p. 102.

[107] MINTZBERG, H. *Managing*: desvendando o dia a dia da gestão. Porto Alegre: Bookman, 2010. p. 77.

Segundo Mintzberg:[108]

> *Uma das melhores maneiras de interpretar o trabalho de desenvolvimento é que os gerentes ajudam as pessoas a desenvolverem a si mesmas. [...] No nível grupal os gerentes constroem e mantém equipes dentro das próprias unidades. O processo envolve, além de reunir pessoas em grupos cooperativos, a resolução de conflitos dentro e entre os grupos para que todos possam seguir em frente com seu trabalho.*

Os gerentes que, de fato, atuam como líderes procuram formar uma equipe com pessoas talentosas, que tenham contribuições a dar. Também procuram dedicar-se aos trabalhos, considerando as contribuições dos membros da equipe, que tendem a retribuir, contribuindo cada vez mais e melhor. Sanders[109] destaca que "Nenhum trabalho é irrelevante. Os setores de uma organização são interdependentes. Todas as pessoas devem trabalhar em conjunto para realizar o potencial do grupo.". E é fundamental que o líder seja um estimulador e um facilitador para que isso aconteça.

Em relação a si e aos outros

Líderes visam a alcançar um nível muito mais alto de competência e produtividade em seus próprios desempenhos, bem como obter esforços e desempenhos sólidos das pessoas com quem trabalham. Isso é feito, primeiramente, alavancando altos níveis de desempenho deles mesmos, para, então, alavancarem um nível similar de desempenho de suas equipes. Para que isso aconteça, líderes projetam confiança, envolvem-se, auxiliam a evolução e a mudança, usam de persuasão e perseverança.

O quadro 8 exemplifica as ações e atitudes do líder para alavancar o desempenho das equipes:

---

[108] MINTZBERG, H. *Managing*: desvendando o dia a dia da gestão. Porto Alegre: Bookman, 2010. p. 77-78.
[109] SANDERS, D. J. *Empresas feitas para servir*. Rio de Janeiro: Sextante, 2011. p. 1.

Coleção Gestão de pessoas

Quadro 8
ATITUDES DO LÍDER EM RELAÇÃO A SI E AOS OUTROS

Projetar confiança	■ fornecer a motivação, o espírito e o estímulo para a tarefa; ■ direcionar-se para ações positivas – independentemente de sua personalidade – e não se satisfazer facilmente; ■ encorajar; ■ construir soluções com a participação de todos.
Envolver-se	■ investir a equipe de *empowerment*; ■ orientar, ajudar, perguntar; ■ semear e colher; ■ compartilhar informações; ■ compartilhar o poder, a influência.
Auxiliar a evolução e a mudança	■ orientar, facilitar e ajudar as equipes a esquematizarem e a explorarem oportunidades; ■ planejar com antecedência para lidar com a resistência, envolvendo, no início do processo, os demais; ■ comunicar o que acontece e o porquê de acontecer a todas as pessoas interessadas durante o processo; ■ ajudar os outros a apreciarem, realisticamente, os acontecimentos; ■ substituir o medo pela esperança.
Usar de persuasão e perseverança	■ identificar e remover obstáculos; ■ utilizar diferentes abordagens para otimizar as metas da equipe; ■ barganhar, negociar, trocar, mostrar os benefícios, usar influência de terceiros; ■ identificar um resultado que tenha valor e se agarrar a ele.

Fonte: adaptado de Finley e Robbins, p. 103-111.

Em relação à conscientização e às escolhas

Os líderes de equipe alavancam a conscientização e a escolha, isto é, conseguem uma percepção racional e um elevado grau de conscientização, além de fazerem escolhas cuidadosas e bem elaboradas.

No que diz respeito à conscientização e às escolhas, os líderes apresentam as características listadas no quadro 9:

Quadro 9
CARACTERÍSTICAS DO LÍDER EM RELAÇÃO À CONSCIENTIZAÇÃO E ÀS ESCOLHAS

Enxergar além do óbvio	■ analisar situações; ■ envolver as pessoas; ■ usar informalidade; ■ confiar na experiência de outros; ■ não relutar em usar técnicas sofisticadas para obter qualidade.
Manter a perspectiva	■ fixar-se nas metas e propiciar visão sistêmica para orientar a análise e a ação; ■ ser sensível ao impacto de suas ações sobre outros setores da organização; ■ levantar hipóteses; ■ considerar a organização como um sistema integrado, influenciando outros líderes.
Praticar o aprendizado piramidal	■ acentuar a necessidade de compreensão das situações e das opções em suas equipes; ■ investigar, agir e comprometer aqueles a seu redor, criando oportunidades de aprendizado para todos.

Fonte: adaptado de Finley e Robbins, p. 103-111.

Em relação ao foco e à integração

Os líderes de equipe alavancam o foco e a integração, capacitando a equipe para se fixar em uma meta ou tarefa, a fim de alinhar-se com o programa.

Em relação ao foco e à integração, os líderes de equipe apresentam as características relacionadas no quadro 10:

Quadro 10
ATITUDES DO LÍDER EM RELAÇÃO AO FOCO E À INTEGRAÇÃO

Direcionar a energia para as oportunidades de sucesso	■ auxiliar a equipe e os outros a escolherem os caminhos certos e a estabelecerem as prioridades certas; ■ trabalhar de maneira colaborativa; ■ romper os limites da organização para testar alternativas e obter posição de respeito dos cursos de ação mais promissores; ■ estender o espírito cooperativo para qualquer processo de implementação na organização uma vez alcançado o foco.
Articular tarefas	■ romper barreiras e expandir a capacidade de visão das pessoas para além das tarefas; ■ criar laço comum com outras equipes; ■ criar sentido de destino e de oportunidade compartilhados; ■ infundir sentimento de propriedade.
Influenciar a ação cooperativa	■ construir um verdadeiro clima de cooperação, iniciativa, criatividade e oportunidade para o risco.

Fonte: adaptado de Finley e Robbins, p. 103-111.

Em relação à inovação e à decisão

Os líderes de equipe alavancam a inovação e a tomada de decisão. Para tal, apoiam a criatividade, tomam iniciativas, fogem da negatividade e nunca se acomodam.

Em relação à inovação e à decisão, os líderes de equipe apresentam as atitudes relacionadas no quadro 11:

Quadro 11
ATITUDES DO LÍDER EM RELAÇÃO À INOVAÇÃO E À DECISÃO

Apoiar a criatividade	▪ incentivar o desafio para que a equipe invista tempo, talento e recursos; ▪ valorizar abordagens criativas a problemas ou oportunidades.
Tomar iniciativas	▪ assumir riscos e encorajar os outros a fazê-lo; ▪ aproveitar oportunidades de melhoria; ▪ envolver as pessoas e estimulá-las a seguir em frente.
Fugir da negatividade	▪ acentuar o que é positivo; ▪ desafiar a si e à equipe a manterem um ambiente saudável, com estabelecimento de altos padrões de qualidade e de serviços aos clientes internos e externos; ▪ dar o exemplo e orientar uma interação positiva.
Nunca se acomodar	▪ adotar medidas incrementais como estratégia para promover melhorias sistemáticas.

Fonte: adaptado de Finley e Robbins, p. 103-111.

Equipes eficientes

Jon Katzenbach e Douglas Smith[110] consideram que as equipes eficientes devem apresentar as seguintes características básicas:

- ter ou elaborar diretrizes compreensíveis que forneçam aos membros o motivo e a razão de estarem trabalhando em conjunto, sem estarem, necessariamente, concentrados em desempenho;
- comunicar-se e coordenar as atividades de modo eficiente para que possa haver interações construtivas que envolvam todos;
- definir papéis e áreas de responsabilidade claros, permitindo-lhes trabalhar individual e coletivamente;
- criar um processo produtivo, minimizando discussões inúteis e desperdício de tempo;
- criar um senso de responsabilidade ajudando cada integrante a compreender as contribuições individuais para o sucesso da equipe, de modo que o progresso possa ser monitorado e avaliado de forma adequada.

Os líderes devem ver o propósito de colaboração em termos de resultados, e não de atividades, ainda que a maioria das instruções de metas das empresas se baseie em atividades. Nesse sentido, como uma das formas de transformar metas baseadas em atividades em metas baseadas em resultados, os líderes devem responder à seguinte questão:

Como podemos saber se fomos bem-sucedidos?

Disciplinas de equipes

Katzenbach e Smith[111] analisaram o problema da escolha da melhor disciplina para o funcionamento das equipes. Para eles, sabedoria de equipe é aplicar a disciplina correta no momento certo. É, ainda, procurar estabelecer um objetivo de desempenho claro, concordar sobre metas baseadas em desempenho, encontrar uma abordagem de trabalho

---

[110] KATZENBACH, J. R.; SMITH, D. K. *Equipes de alta performance – the discipline of teams*: conceitos, princípios e técnicas para potencializar o desempenho das equipes. Rio de Janeiro: Campus, 2002. p. 21.

[111] Ibid, p. 20-26.

que integre habilidades e alterne papéis de liderança, e, finalmente, encontrar meios práticos de fazer com que todos sejam mutuamente responsáveis.

Todo trabalho de equipe deve ser realizado segundo a disciplina específica requerida pela situação. Para o desempenho de pequenos grupos, podemos considerar como disciplinas essenciais a disciplina do único líder e a disciplina de equipe. Na ausência dessas disciplinas, surgem unidades de concessões mútuas, com atuação desordenada.

Unidades de concessões mútuas

Nas unidades de concessões mútuas, temos como principais comportamentos:

- não assimilar e não aplicar nenhuma das duas disciplinas;
- passar a atuar de forma desordenada;
- não reconhecer que desempenho de equipe pressupõe disciplina de equipe;
- apelar, inadequadamente, ao trabalho em equipe – "vamos ser uma equipe melhor";
- mudar constantemente de abordagem – a demanda para que os membros constituam uma equipe não é viabilizada; há falta de entrosamento, problemas de comunicação ou interação;
- apresentar um grupo confuso, ineficiente e sem liderança.

Disciplina do único líder

Na disciplina do único líder, existe um líder formal que toma e comunica as decisões ao grupo, e isso é esperado pelos integrantes desse grupo. Esse líder também define metas de desempenho e de responsabilidades individuais (há sugestões, mas o líder formal é quem faz as definições), determina o ritmo, os prazos e a abordagem do trabalho (o líder monitora e motiva) e avalia os resultados (faz ajustes, reconhece, recompensa). Ele define parâmetros e padrões, estimula o compartilhamento de ideias entre os integrantes e encoraja as melhores práticas dentro e

Coleção Gestão de pessoas

fora do grupo, de modo a assegurar uma comunicação eficiente entre as pessoas pertencentes e não pertencentes ao grupo. Mantém, ainda, o controle sobre as atividades do grupo, esclarecendo a responsabilidade individual, e enfatiza o gerenciamento de consequência – o líder está no controle.

Como exemplo de disciplina de um único líder, podemos pensar em uma equipe de representantes comerciais alocadas por área geográfica.

Disciplina de equipe

Na disciplina de equipe, as decisões são tomadas pelas pessoas mais qualificadas para tal. Geralmente, elas são escolhidas por causa de seu talento, de sua habilidade, de sua experiência e das tarefas designadas.

Na disciplina de equipe, as metas são definidas e ratificadas, individual e coletivamente, pelo grupo. Dessa forma, diferenciam-se, claramente, as metas individuais e as metas coletivas. O ritmo e a abordagem são definidos pelo grupo, em um comprometimento compartilhado. A equipe escolhe a melhor maneira de distribuir e integrar o trabalho, gerenciar a logística e os aspectos administrativos, criar e colocar em prática as normas.

Nessa disciplina, o grupo avalia, crítica, rigorosa e sistematicamente, os próprios resultados e seu progresso como equipe. Os membros definem padrões elevados, considerando-se, individual e mutuamente, responsáveis por seus resultados.

Como exemplo de disciplina de equipe, podemos pensar em uma equipe de desenvolvimento do sistema propulsor de aeronaves – interações com performance, combustível, hidráulica, elétrica, pressurização, controle ambiental, etc.

Escolha da disciplina

A eficiência de pequenos grupos começa ao se escolher, de modo consciente, quais desafios de desempenho se adaptam melhor à disciplina do líder único ou à disciplina de equipe.

A disciplina do único líder é mais eficaz quando o desempenho é apresentado por meio da soma combinada das contribuições individuais. Por outro lado, a disciplina da equipe é mais eficaz quando existe a necessidade de contribuições coletivas além dos esforços individuais.

Para escolher o tipo de disciplina de trabalho em equipe, os grupos devem definir se suas metas exigem produtos de trabalhos resultantes da soma combinada das contribuições individuais ou de trabalho essencialmente coletivo.

Equipes virtuais

Katzenbach e Smith[112] apresentam os cinco fundamentos do trabalho eficaz em grupo para que ele seja eficiente, a saber:

- objetivos e princípios de trabalho em grupo devem ser claramente entendidos;
- comunicação aberta e coordenação entre todos os integrantes – plano de reuniões;
- papéis e áreas de responsabilidades claros sobre como o trabalho deve ser realizado;
- processo produtivo claro;
- responsabilidades claras – qual medida de sucesso, como avaliar o progresso.

Mas, para os autores, isso não basta para que os grupos se tornem equipes de alta performance. Para tanto, esses grupos devem adotar as disciplinas do líder único ou da verdadeira equipe, conforme o caso, como já foi mencionado anteriormente.

No caso do terreno virtual, portanto, podemos ter pessoas trabalhando juntas, até mesmo como grupos eficientes e eficazes e também como equipes. Cada vez mais, pequenos grupos trabalham juntos por meio das tecnologias da comunicação. Muitos grupos são formados por pessoas localizadas distantes umas das outras, com fusos horários

---

[112] KATZENBACH, J. R.; SMITH, D. K. *Equipes de alta performance – the discipline of teams*: conceitos, princípios e técnicas para potencializar o desempenho das equipes. Rio de Janeiro: Campus, 2002. p. 28; 40-41; 44.

diferentes, de nacionalidades, de culturas diferentes. Outros grupos utilizam-se dos recursos virtuais ocupando o mesmo espaço físico, como a sala de uma empresa, onde os integrantes trabalham juntos utilizando computadores pessoais. Todos, enfim, com a responsabilidade de apresentarem excelente desempenho e resultados desejados – como grupo, e não apenas como indivíduos.

A tecnologia atual permite um avanço imenso nesse sentido, principalmente porque boa tarde do trabalho se relaciona com projetos especiais não vinculados à rotina diária de processos. Esses projetos, geralmente, são executados por pequenos grupos de pessoas que empregam um *mix* das disciplinas de equipes e líder único que muda constantemente.

Para Katzenbach e Smith, as disciplinas de desempenho de verdadeira equipe e de líder único são as mesmas para todas as equipes, sejam elas equipes virtuais e presenciais. O mais importante é utilizar a disciplina correta e ter em mente que o tipo de *software* escolhido é o apoio ao trabalho, e não sua essência.

É importante, todavia, perceber que a tecnologia como apoio é antiga, pois vem desde o telefone, do fax. Hoje, temos a *web* 2.0, que vem revolucionando as relações entre as pessoas e os trabalhos em redes, de uma forma nunca imaginada anteriormente. Tapscott[113] afirma que:

> *No longo prazo, olharemos para o presente como a época em que o mundo começou uma transição histórica do capitalismo industrial para uma nova espécie de economia, baseada em novos princípios, em novas mentalidades e em novos comportamentos.*

E aconselha as organizações a adotarem os cinco princípios da *wikinomics* a fim de conseguirem obter sucesso nesse novo momento da história da humanidade:

- colaboração;
- abertura (transparência, flexibilidade, acesso);

---

[113] TAPSCOTT, D.; WILLIAMS, A. D. *Macrowikinomics*: reiniciando os negócios e o mundo. Rio de Janeiro/São Paulo: Elsevier Ltda., 2011. p. 24-34.

- compartilhamento;
- integridade;
- interdependência.

Esses princípios valem para as organizações tanto interna quanto externamente, nas relações com empregados, clientes, fornecedores, acionistas, sociedade, planeta. Desse modo, a empresa precisa mudar para o novo que está aí e aprender, cada vez mais, a trabalhar com equipes presenciais e a distância. Contudo, sabemos que ainda existem muitas resistências para que isso aconteça a "pleno vapor".

Tapscott[114] mostra que o jovem da geração internet chega ao mundo do trabalho ávido para usar suas ferramentas de formação de redes sociais visando colaborar, criar e contribuir com a empresa. No entanto, fica chocado ao descobrir que as ferramentas tecnológicas da empresa são mais primitivas do que as que ele usava na escola. A empresa para a qual ele trabalha ainda acha que a internet funciona com *sites* que apresentam informação, e não como uma plataforma de colaboração da internet 2.0. E ficam surpresos, talvez ingenuamente, ao saber que as empresas têm métodos de trabalho antiquados. Além disso, a empresa proíbe o *Facebook* no escritório, privando-os, assim, do contato com os amigos, com a diversão e com os colegas de trabalho. A partir disso, o talento logo toma o rumo da saída. Aqui fica a questão: como utilizar os talentos cada vez melhor, retendo-os e conseguindo que as equipes trabalhem da melhor forma e atinjam os resultados esperados?

Equipes e gerações

Um desafio presente na formação de equipes nas empresas diz respeito ao fato de termos cinco gerações diferentes convivendo na sociedade e, pelo menos, quatro delas trabalhando e transformando a realidade. Como já dissemos, temos ainda representantes da geração *Belle Époque* (1920-1940), os *baby boomers* (1946-1964), a geração X (1965-1976), estamos recebendo a entrada maciça da geração Y (1977-1996) e, em breve, teremos a geração Z (de 1997 em diante).

---

[114] TAPSCOTT, D. *A hora da geração digital*. Rio de Janeiro: Agir Negócios, 2010. p. 186.

Em termos brasileiros, a geração mais antiga aprendeu a compaixão e a solidariedade, a tratar o trabalho com seriedade, respeitando a hierarquia e as regras, a serem pacientes, honrados e disciplinados, sacrificando-se sempre que necessário. Os *baby boomers* foram marcados pelo desejo de crescer profissionalmente em uma empresa sendo recompensados por seus esforços e suas conquistas, mas céticos quanto ao papel desempenhado pelas *autoridades* e pelos *governos*.

A geração X é marcada por *uma atitude mais egocêntrica e cética*, mas buscando na *fantasia* a possibilidade de um *final feliz*. Autossuficiente e pragmática, prioriza o trabalho, mesmo investindo na família. E, em termos de mundo corporativo, a geração Y, que se desenvolveu praticando jogos eletrônicos, onde aprendeu as duas modalidades – *as fases do jogo* e *o placar de recordes* –, bem como os *desafios, os resultados, os competidores e a interação* com outros *jogadores*. A internet abriu um mundo ilimitado, como a comunicação *on-line/on time* que permite acesso a pessoas e conteúdos em sua diversidade, que, em tese, possibilita ao jovem ter *fome de conhecimento recompensada*. Nasceu, então, a geração que, no trabalho, "busca o constante reconhecimento, a opção por padrões informais e flexíveis, a individualidade como forma de expressão e a busca intensa por ampliação da rede de relacionamentos".[115]

As diferenças entre as gerações, principalmente entre os *baby boomers* e a geração Y, dá-se entre ideias diferentes sobre o trabalho, a começar pelo tempo em que permanecem em uma mesma empresa. O mundo vem exigindo inovação, criatividade, rapidez, globalização, e o perfil da geração Y pode atender a essa necessidade. "O trabalho se tornou mais cognitivamente complexo, mais baseado em equipes, mais dependente de habilidades sociais e mais sujeito a pressões temporais... depende menos da geografia e mais da competência tecnológica."[116]

Existem pesquisas que buscam identificar o que esses jovens querem do mundo corporativo, e Tapscott[117] identifica seus principais aspectos:

- querem liberdade para trabalhar quando e onde quiserem, para aproveitar o trabalho e a vida em família, e para experimentar novos

---

[115] OLIVEIRA, S. *Geração Y*: o nascimento de uma nova versão de líderes. São Paulo: Integrare Editora, 2010. p. 41-63.

[116] TAPSCOTT, D. *A hora da geração digital*. Rio de Janeiro: Agir Negócios, 2010. p. 191.

[117] Ibid., p. 194-204.

empregos, diferentemente dos *baby boomers*, que buscam a estabilidade e a permanência na empresa;

- querem ser tratados como indivíduos e poder aprender e se desenvolver, ter cargos adaptáveis e baseados em projetos, ser acompanhados em discussões informais frequentes, usufruir de bom relacionamento e diálogo – já os *baby boomers*, acostumaram-se às avaliações formais anuais;
- analisam a empresa em que vão trabalhar e são analisados pelas empresas por meio de buscas de informações pela internet 2.0 – a integridade da empresa é um ponto fundamental para o candidato;
- valorizam o trabalho em equipe, alcançando resultados com as pessoas, diferentemente dos *baby boomers*, que valorizam a hierarquia e buscam atingir resultados por meio das pessoas;
- querem que o trabalho seja divertido, estimulante, relaxante e desafiador, e que possam inovar, inventar e descobrir maneiras de fazer seu trabalho diferente;
- querem que as coisas aconteçam agora, o que se torna um desafio para as empresas que precisam equilibrar a expectativa dos funcionários mais velhos, de serem promovidos pelo tempo de experiência, e dos mais jovens, que querem reconhecimento a cada realização;
- são comprometidos com sua própria carreira, podendo mudar de empresa sempre que for necessário.

Mas as empresas sabem que a geração Y não é autossuficiente. Há necessidade de equipes mistas, formadas de empregados de várias gerações para dar conta das demandas de uma organização. Segundo Bill McEwan,[118] executivo-chefe da Sobeys Inc., a segunda maior varejista de mantimentos do Canadá, as lojas de maior sucesso são aquelas em que os jovens da geração internet se dão bem com os funcionários mais velhos. É um aprendizado mútuo.

Eis um desafio que é colocado às organizações: trabalhar com equipes tão heterogêneas como essas, formadas por membros de gerações tão diferentes. Ao mesmo tempo que parece difícil a muitos gerentes esse desafio, ele coloca uma questão extraordinária: as gerações mais velhas podem ensinar aos mais jovens o conhecimento do negócio, e a geração

---

[118] McEWAN, B. apud TAPSCOTT, D. *A hora da geração digital*. Rio de Janeiro: Agir Negócios, 2010. p. 205.

\ Coleção Gestão de pessoas

mais jovem pode ensinar as demais a utilizar técnicas e ferramentas colaborativas e, quem sabe, a como construir um mundo diferente. Como diz Tapscott[119] sobre a geração Y:

> *As ferramentas digitais de sua infância e juventude são mais poderosas do que as que existem em boa parte das empresas americanas. Acredito que, se os ouvirmos e mobilizarmos, sua cultura de interação, colaboração e capacitação guiará o desenvolvimento econômico e social e preparará este planeta cada vez menor para um futuro mais seguro, justo e próspero. Nós podemos aprender a evitar e a controlar o lado negro – algo previsível em todo novo meio de comunicação – com mais eficácia. Aprenda com eles e você verá a nova cultura de trabalho de alto desempenho, a escola e a universidade do século XXI, a empresa inovadora, uma família mais aberta, uma democracia na qual os cidadãos são engajados, e talvez até mesmo a nova sociedade em rede.*

Em uma equipe que aprende, que consegue usar a discussão e o diálogo de forma produtiva, essa diversidade de gerações se torna um rico ingrediente para o alto desempenho e o alcance de resultados inusitados.

> *Mesmo que ainda haja muitas resistências, a cultura de colaboração da geração Y vem se enraizando e se disseminado em muitas empresas, de modo que as pessoas em uma empresa, limitadas por estruturas organizacionais tradicionais, podem ser libertadas para compartilhar conhecimento e engenhosidade.*[120]

---

[119] TAPSCOTT, D. *A hora da geração digital*. Rio de Janeiro: Agir Negócios, 2010. p. 18.
[120] Ibid., p. 191.

Reuniões

Características, tipos e funções

Reuniões são realizadas para os mais diversos fins, entre os quais, o fornecimento e a obtenção de informações, a solução de problemas, a mudança de atitudes e o treinamento. Nesse sentido, quanto a suas possíveis funções, elas podem:

- servir como "vitrine" – promover uma grande participação dos convidados, constituindo-se em uma excelente ferramenta de *marketing*;
- apresentar propósitos importantes – dar andamento a assuntos administrativos e projetos, ou dar continuidade a processos de treinamento e educacionais;
- ter propósitos secundários – manter os participantes informados, dar oportunidade de participação e de convivência a companheiros e convidados.

Há propósitos distintos para cada tipo de reunião. Entretanto, seja qual for seu objetivo, se não forem consistentes, perdem a credibilidade.

Segundo Minicucci,[121] os tipos de reuniões mais frequentes são:

- reuniões em que o animador decide – reuniões para transmissão de ordens, de sondagem, *brainstorming*, de informação e método Phillips 66;[122]
- reuniões em que o animador ajuda e o grupo decide – reuniões de discussão centradas em um problema, com base na relação grupo-problema;
- reuniões com grupo heterogêneo, com vários animadores – mais comuns quando grupos antagonistas encontram-se para obter do outro o máximo de vantagens, tais como sindicalistas e patrões para discutirem sobre dissídio, sem-terra e fazendeiros para discutirem sobre invasões, etc.

---

[121] MINICUCCI, A. *Técnicas do trabalho de grupo*. São Paulo: Atlas, 1992. p. 22.

[122] Técnica de discussão em grupo. Disponível em: <www.train4creativity.eu/dat/ED0E1819/file.doc?634466 815815794000>.

Socialização

Para um maior ganho de produtividade no trabalho das equipes, sempre que possível, devemos promover a socialização de seus participantes, por meio de atividades como:

- visitas às instalações ou aos lugares de interesse;
- levantamento prévio de informações sobre os participantes;
- cursos formais de curta duração sobre administração do tempo, administração do estresse, condução dos debates;
- atividades planejadas para envolver todos os membros da equipe – jogos de capacitação, debates, estudos de casos;
- imagens bem selecionadas, devidamente criadas para impressionar os participantes.

As informações obtidas com essas atividades devem ser repassadas a todos os participantes da equipe, de modo que eles se sintam capacitados a participar das reuniões com maior produtividade e satisfação.

Preparação de uma reunião

Para que uma reunião seja produtiva, é importante que fique bem especificado, para cada participante, seu objetivo específico, além dos objetivos genéricos de identificar alternativas para a solução de problemas e de definir a implementação das decisões adotadas. Sempre é importante haver um esforço cooperativo por meio da troca de informações em um trabalho de equipe, e a reunião pode ser uma forma de conjugar esse esforço.

No preparo da reunião, devem ser observados as condições físicas para que ela ocorra, como também o material de apoio, bem como a divulgação prévia com agenda, pauta, objetivos e horários de início e término. Isso evita a perda de tempo e de recursos que ocorre em boa parte das reuniões mal planejadas.

Nessa perspectiva, o planejamento da reunião tem de considerar as fases em que se dá uma reunião, ou seja, a preparação, a convocação, a execução, a avaliação, o registro e a divulgação.

Ao planejarmos uma reunião, devemos fazer as seguintes perguntas:

- Vale a pena fazer essa reunião?
- Qual é seu objetivo?
- Este assunto/problema pode ser mais bem resolvido por uma equipe?
- Quando devemos fazer a reunião?
- Quando devemos convocar a reunião?
- Quem deve ser convocado para a reunião?
- Como convocar?
- Quem será o condutor da reunião?

Toda reunião deve ter uma pauta, com objetivo, itens, resultados esperados e distribuição do tempo para cada item. Os participantes da reunião podem propor a alteração da pauta, caso necessário, mas essa alteração deve ser justificada, e não efetuada aleatoriamente.

Execução da reunião

Para executar a reunião, devemos fazer outras perguntas, que são:

- Quem conduz a reunião?
- Que outros papéis teremos na reunião?
- Quais serão as etapas da reunião?
- Quando se dará o processo decisório?

A execução de uma reunião depende de uma condução benfeita bem como do comprometimento de cada participante com os objetivos estabelecidos. O papel do líder ou do facilitador é auxiliar na manutenção do ritmo e do foco. Participar de uma reunião significa estar presente com o pensamento, a motivação e a ação focados na mesma.

Término de uma reunião

Toda reunião deve terminar com uma avaliação feita por todos os presentes, onde se avalia o cumprimento da pauta, a dinâmica adotada

Coleção Gestão de pessoas

e os resultados alcançados, com vistas ao aperfeiçoamento da prática de reunião. Por isso, a avaliação autêntica é indispensável.

É importante, também, ter anotados os encaminhamentos e as pendências, com as responsabilidades identificadas. Todos esses registros devem vir a constituir uma ata, que será divulgada aos participantes. Por esse motivo, assim como deve haver um facilitador, deve ser definido, também, no planejamento de cada reunião, quem será o relator.

Dinâmica e critérios de eficácia

Durante a reunião, deve-se buscar uma dinâmica produtiva. Para isso, é desejável que todos os participantes estejam, de fato, voltados para a reunião, dando o melhor de si em termos de participação, contribuições, respeito, compreensão. Lembremos que o diálogo é a melhor forma de cocriar a realidade e que as discussões fazem sentido quando produtivas. Debates inúteis, disputas egóicas e atividades paralelas contribuem para a dispersão da reunião e impedem que sejam alcançados resultados, além de, muitas vezes, provocarem, em muitas pessoas, o sentimento de aversão a reuniões.

O material de apoio deve ser objetivo, bem elaborado e compreensível a todos os participantes. A pauta deve ser respeitada, e qualquer alteração deve ser avaliada pela equipe. O tempo deve ser observado, e os horários de início e término, respeitados.

É importante destacar que o planejamento da reunião e seu cumprimento não significam rigidez, mas respeito e comprometimento. A informalidade pode ocorrer, e é até desejável, uma vez que pode facilitar a criatividade e a inovação, mas sem que se percam de vista os objetivos estabelecidos.

Sempre que possível, a reunião deve ter, no máximo, 12 participantes. Em caso de grupos maiores, há necessidade de se buscarem técnicas específicas de dinâmica de grupos para que as reuniões não se tornem improdutivas e todos possam, efetivamente, participar e contribuir. É fundamental que todos participem e ninguém se sinta intimidado.

Papel do líder em reuniões

Cabe ao líder dominar técnicas de trabalho em grupo para conduzir, eficazmente, reuniões. Sobre essa questão, Minicucci[123] afirma que "se empregadas na forma e no ambiente adequados, essas técnicas têm o poder de ativar o potencial e as motivações individuais; estimular os elementos dinâmicos internos e externos e mover o grupo a atingir suas metas".

A arte de conduzir grupos pauta-se em nossa habilidade de ler a situação, em nossa flexibilidade para nos adaptarmos a situações novas e em nossa capacidade de gestão situacional.

Para tornar o trabalho em grupo mais produtivo, o líder deve ter como princípio básico o conhecimento do funcionamento do processo grupal e levar em consideração sua vivência prévia como participante de grupo, sua experiência com as técnicas que irá utilizar, bem como os fatores sociopsicológicos que intervêm no funcionamento do grupo.

O líder precisa passar para o grupo confiança naquilo a que se propõe.

Técnicas de trabalho em grupo

São inúmeras as técnicas a serem utilizadas em reuniões, sessões e discussões em pequenos grupos que visam informar, disponibilizar conhecimentos, levar um grupo à ação. Entre elas, destacam-se a audiência de comissão (obtenção de informação de peritos em benefício do grupo), o *brainstorming* (incentivo à livre promoção de ideias sem restrições ou limitações à exequibilidade), o círculo de estudos (técnica direcionada ao trabalho cognitivo) e o estudo de casos (análise minuciosa e objetiva de uma situação real a ser investigada).

Na aplicação das técnicas de trabalho em grupo, Minicucci[124] recomenda que o líder se oriente pelo seguinte planejamento:

- comece por dar uma definição da técnica a ser utilizada;
- faça um comentário sobre os principais elementos da dinâmica interna esperada dos elementos que compõem o grupo e do desempenho da liderança;

---

[123] MINICUCCI, A. *Técnicas do trabalho de grupo.* São Paulo: Atlas, 1992. p. 33.
[124] Ibid., p. 36.

Coleção Gestão de pessoas

- dê uma visão das possibilidades de êxito na utilização da técnica;
- considere os propósitos e os objetivos pelos quais se escolheu aquela técnica;
- enumere as condições e as situações em que se poderá ou deverá utilizar a técnica;
- enumere os passos de sua aplicação;
- procure verificar se a aplicação da técnica responde às perguntas: "O quê?", "Por quê?", "Quando?", "Onde?" e "Como?";
- procure alertar os participantes a respeito das dificuldades que a técnica pode apresentar.

Considerações finais

Um dos maiores desafios enfrentados pelas empresas atualmente é a identificação e a preparação de líderes com condições de influenciar e de se comunicar com suas equipes para que possam-se ajustar, prontamente, às mudanças requeridas por um mercado cada vez mais competitivo, de modo a alcançar os resultados desejados.

Em qualquer situação, o alinhamento é fundamental. Os mercados apresentam necessidades e oportunidades, e as empresas buscam atendê-los por meio de produtos e serviços. Isso se manifesta, para cada mercado, por meio de diferentes combinações de componentes, tais como qualidade, preço, sofisticação, prontidão de entrega, experiência, inovação, etc. Portanto, é fundamental que a empresa defina e execute a estratégia que melhor se alinhe com aquilo que cada mercado esteja buscando. Para que isso venha a se constituir em um diferencial competitivo, será necessária a existência de uma cultura organizacional que sustente e se alinhe à estratégia estabelecida. Cabe às lideranças da empresa, atuando como líderes culturais, promover o alinhamento de suas equipes às estratégias e culturas estabelecidas para que os resultados sejam alcançados.

É na captação de pessoas que devem ser identificados os candidatos que, além de atender aos critérios seletivos que contemplam escolaridade, experiência e conhecimentos, também devem apresentar predisposições quanto a atitudes e comportamentos que sejam alinhados com o que a organização necessita para atender aos mercados em que atua. Atualmente, já existem instrumentos e técnicas que atendem a essa necessidade, mas, infelizmente, são poucas as empresas que os utilizam. Nessas condições, o que a liderança pode, então, fazer é adotar um modelo de gestão centrado em uma relação de parceria e confiança estabelecida entre chefe e subordinados, baseado em um tripé composto por requisitos (atitudes, capacitações), competências (entregas, resultados) e desenvolvimento (valorização, oportunidades) – ambos ajustando o foco de suas intenções (motivação) e de sua atenção (conhecimentos e informações) para que as ações que deles decorram gerem os resultados que esperam alcançar. Essa relação de confiança facilitará o processo de aprendizagem contínua de todos os envolvidos.

É importante saber que a intenção direciona a atenção. Portanto, se a pessoa seleciona um aspecto da realidade, ela toma uma decisão para agir em função do aspecto selecionado. A prática leva ao domínio da habilidade envolvida e a sua aplicação em diferentes contextos de atuação.

Quanto maior o acolhimento encontrado na empresa, melhores condições existirão para a formação de vínculos de confiança entre as pessoas e áreas, e maiores serão as possibilidades de criação dos alinhamentos requeridos para o sucesso da empresa e de seus colaboradores.

Prahalad e Krishnan[125] apontam que:

> ...*nenhuma empresa é capaz de desenvolver sozinha todos os produtos e serviços de que necessita para oferecer experiências personalizadas a cada cliente. Tampouco empresa nenhuma tem condições de cultivar todas as capacidades gerenciais indispensáveis para transformar a organização.*
>
> ...*as empresas devem preparar-se para administrar as tensões constantes entre flexibilidade, eficiência e confiabilidade.*
>
> ...*essa transformação não consiste apenas em mudar a mentalidade ou a lógica dominante dos gestores; também significa concentrar-se nos novos níveis de transparência e de visibilidade em relação a como se gerencia a empresa.*

---

[125] PRAHALAD, C. K.; KRISHNAN, M. S. *A nova era da inovação*: a inovação focada no relacionamento com o cliente. Rio de Janeiro: Campus, 2008. p. 177.

Para esses autores, precisamos mudar o modo como gerenciamos: o foco deve convergir para as atitudes e habilidades das pessoas em relação ao aprendizado, para a competência das equipes e capacidade das forças-tarefas para se reconfigurarem, dinamicamente, de modo a atender às necessidades específicas de tarefas específicas, em tempo real, atraindo os melhores talentos onde quer que estejam. Eles partem da premissa:

> *De que estamos deixando para trás os lares organizacionais nítidos, com papéis bem definidos, representados a qualquer momento pelas organizações hierárquicas, e avançando para organizações velcro em que as pessoas se reúnem temporariamente para executar determinada tarefa, no exercício de papéis efêmeros, que podem mudar na semana seguinte.*[126]

Segundo eles, com a evolução das estruturas organizacionais, as organizações precisarão ser entendidas em três níveis:

- estrutura hierárquica formal, para que as pessoas se enquadrem em determinada hierarquia;
- processos internos e capacidade analítica, que devem criar condições para que as organizações se adaptem, sejam flexíveis e se mantenham dinamicamente alinhadas com as necessidades do negócio;
- atitudes e habilidades pessoais – os atributos que capacitam os gestores para lidar com o estresse decorrente da reconfiguração dinâmica dos talentos nas organizações.

Quanto ao trabalho em equipes, para se ter eficácia, os membros deverão ser treinados para as tensões inerentes às relações ambíguas de poder e autoridade, às diferenças nos antecedentes culturais e ao ineditismo das tarefas; o foco deverá convergir não só para os indivíduos e respectivas *expertises*, mas também para a capacidade de trabalhar em diversos grupos integrados.

---

[126] PRAHALAD, C. K.; KRISHNAN, M. S. *A nova era da inovação*: a inovação focada no relacionamento com o cliente. Rio de Janeiro: Campus, 2008. p. 177.

O novo trabalho gerencial deverá se concentrar no desenvolvimento de talentos, de novos conhecimentos e na continuidade da melhoria e da inovação. São requisitos da nova realidade a mudança e a evolução contínuas, a capacidade de concentrar-se em novos projetos e de integrar-se em novas equipes, e a habilidade de desintegrar e reintegrar tarefas. As pessoas precisarão de valores, crenças e visão compartilhada que as predisponham a ver as mudanças contínuas como positivas e necessárias.

O compromisso com a cocriação de experiências personalizadas para os consumidores, como filosofia e como artigo de fé, com vistas à criação de riqueza, é o ponto de partida para que empregados e fornecedores compreendam a necessidade de acesso contínuo a recursos de alta qualidade a baixo custo.

Como afirmam Ramaswamy e Gouillart:[127]

> *o futuro pertence à empresa cocriativa [...] a criação sai do modelo concentrado na empresa e passa para interações com clientes, comunidades, fornecedores, parceiros e empregados, bem como para interações entre indivíduos.*

Eis o grande desafio das lideranças deste novo século.

---

[127] RAMASWAMY, V.; GOUILLART, F. *A empresa cocriativa*: por que envolver *stakeholders* no processo de criação de valor gera mais benefícios para todos. Rio de Janeiro: Campus, 2011. p. 6.

Autoavaliações

Questão 1:

Equipe é um conjunto pequeno de pessoas com qualificações complementares, que, além de se apropriarem de conhecimentos e aplicarem experiências, têm *insights* para a solução de problemas.
Dessa forma, podemos afirmar que o desenvolvimento de equipes:

a) pode ser temporário.
b) nada tem a ver com a motivação.
c) nada tem a ver com as emoções dos membros.
d) pressupõe mudanças significativas no processo interpessoal.

Questão 2:

Quando a empresa opta por desenvolver equipes que trabalhem de forma sistêmica, deverá criar condições para que os membros da equipe possam praticar o diálogo.
Sendo assim, **não** podemos afirmar que:

a) compete ao facilitador indicado mostrar que cada pressuposto a ser analisado pode ser visto por vários ângulos diferentes.
b) os participantes precisam ser orientados a *suspender* seus pressupostos, permanecendo conscientes deles, mas podendo examiná-los enquanto suposições, e não fatos.

Coleção Gestão de pessoas

c) os participantes precisam ser orientados de que compõem uma equipe em que são parceiros, que devem buscar juntos novas ideias e compreensões que levem a resultados compatíveis com a razão de ser da organização.

d) deve ser indicado um facilitador, ou um *coach*, que mantenha o contexto do diálogo na equipe, permitindo que os participantes percebam que são os pressupostos que estão sendo analisados, não as pessoas ou suas identidades.

Questão 3:

Em um programa para o desenvolvimento de equipes, temos de planejar, pelo menos, duas fases. A primeira fase pode ser a realização de uma reunião ou de um seminário de grande impacto. Eventos como esses devem servir ao propósito de informar, motivar e agregar conhecimentos para o aperfeiçoamento profissional.

Sobre a segunda fase do programa, podemos afirmar que:

a) costuma ser, em geral, mais demorada, trabalhosa e decisiva.

b) exige o envolvimento de todos, mas a participação apenas dos gestores.

c) consiste na realização de uma reunião ou de um seminário de grande impacto.

d) deve servir ao propósito de informar, motivar e agregar conhecimentos para o aperfeiçoamento profissional.

Competências gerenciais

Questão 4:

As equipes, desde seu início até se constituírem em um grupo inteiramente funcional, passam por quatro fases previsíveis.

Desse modo, cada fase apresenta comportamentos característicos que seguem a seguinte ordem:

a) formação, normatização, confusão e desempenho.

b) formação, confusão, normatização e desempenho.

c) formação, desempenho, normatização e confusão.

d) formação, desempenho, confusão e normatização.

Questão 5:

Para estruturar suas equipes de trabalho, as organizações de alto desempenho devem seguir alguns critérios.

Desse modo, podemos afirmar que essas organizações devem buscar:

a) a intervenção direta dos funcionários em situações críticas.

b) a definição de metas de desempenho gerais e pouco ambiciosas para todas as equipes.

c) a reconcepção dos sistemas de remuneração com base nas horas trabalhadas.

d) a eliminação de avaliações do desempenho individual ou sua reconcepção com o objetivo de apoiar o trabalho em equipe.

Questão 6:

Embora cada reunião tenha um objetivo específico, de um modo geral, busca identificar alternativas para a solução de problemas e definir a implementação das decisões adotadas em um esforço cooperativo por meio da troca de informações entre a equipe.

Dessa forma, para que uma reunião seja eficiente, deve começar pela fase de:

a) execução.
b) avaliação.
c) planejamento.
d) registro e divulgação.

Questão 7:

A avaliação qualitativa requer motivação, maturidade, honestidade, coragem e ética.

Desse modo, expor-se a si mesmo e explorar seus sentimentos em relação aos sucessos e aos fracassos significa:

a) crescimento pessoal e interpessoal.
b) promoção para um cargo de gerência.
c) risco de degradação da imagem profissional.
d) demonstração de fragilidade e falta de confiança em si.

Competências gerenciais /

Questão 8:

Tapscott afirma que "no longo prazo, olharemos para o presente como a época em que o mundo começou uma transição histórica do capitalismo industrial para uma nova espécie de economia, baseada em novos princípios, em novas mentalidades e em novos comportamentos". E aconselha as organizações a adotarem os cinco princípios da *wikinomics*, a fim de conseguirem obter sucesso nesse novo momento da história da humanidade.

Entre os princípios do *wikinomics*, **não** encontramos:

a) a integridade.

b) a competição.

c) o compartilhamento.

d) a abertura (transparência, flexibilidade, acesso).

Questão 9:

Os líderes de equipes agregam valor, alavancando, além das expectativas, os recursos e os resultados de uma organização. O resultado dessa liderança é um desempenho melhorado em quatro dimensões distintas.

Em vista disso, podemos afirmar que a dimensão que **não** corresponde ao desempenho melhorado está:

a) no foco e na integração.

b) em si próprio e nos outros.

c) na conscientização e nas escolhas cuidadosas.

d) na conservação e no cuidado com mudanças.

Questão 10:

Toda reunião deve ter um líder ou facilitador. É sua responsabilidade manter o andamento da reunião e seu devido foco.

Desse modo, podemos afirmar que, na fase de execução, devemos:

a) estar cientes do caminho a ser dado à condução da reunião.
b) dar ênfase à promoção da socialização de seus participantes.
c) deixá-la livre para se realizar da forma como os participantes quiserem.
d) deixar indefinidas as atribuições a serem exercidas por seus participantes.

Vocabulário

Vocabulário

A

Ação quântica – capacidade de agir com responsabilidade. Isso implica a transparência dos valores individuais e a consciência sobre escolhas, em um enfoque em que a empresa é vista como um ecossistema.

Agente de mudanças – enquanto gestores de pessoas, atuamos como agentes da mudança da empresa quando ajudamos a organização a identificar processos para administrar a mudança, apontamos as mudanças necessárias e obtemos o comprometimento das pessoas no processo, no monitoramento e na implementação de ações.

Agostinho Minicucci – livre-docente em psicologia e doutor em educação. Professor universitário e autor de obras na área de psicologia, educação e administração de empresas, entre as quais *Dinâmica de grupo: teorias e sistemas*, e *Técnicas de trabalho em grupo*.

Álvaro Tamayo – professor e psicólogo colombiano. Toda sua formação acadêmica em psicologia (graduação, mestrado e doutorado) foi feita na Université Catholique de Louvain. Atuou como pesquisador associado da Universidade de Brasília e professor adjunto da Universidade Católica de Brasília. Recebeu o título de professor emérito da UnB como reconhecimento da importância do trabalho realizado para o desenvolvimento da universidade e da ciência. Com grande experiência na área de psicologia, com ênfase em psicologia social, atuou, principalmente, nos seguintes temas: representação parental, atribuição, diferenças culturais. Publicou, entre outras obras, *Valores e comportamento nas organizações*, *Cultura e saúde nas organizações*, e *Trabalho, organizações e cultura*.

Coleção Gestão de pessoas

Âncora de carreira – combinação das áreas percebidas de competência, motivos e valores que a pessoa não abandona e que representa seu verdadeiro "eu". Pesquisas sobre as âncoras de carreira mostraram que a maioria das pessoas veem, elas próprias, em termos de oito categorias, mas essas categorias não significam nada fora do contexto do passado histórico da pessoa e de suas aspirações futuras.

Antony D. Williams – *senior fellow* do Lisbon Council. Consultor e especialista em estratégia, presta serviços internacionais a governos, instituições e empresas da Fortune 500.

Aprendizado piramidal – segundo Finley e Robbins, refere-se à atitude de líderes de equipe que são habituais professores, levando os outros ao conhecimento e ao espírito de investigação.

B

Benchmarking – termo emprestado da área de levantamento topográfico, em que um marco geodésico – *benchmark* – é um ponto fixo usado como referência para estabelecer localizações e altitudes.

No contexto dos negócios, o termo passou a ser muito utilizado no sentido de comparações de desempenho de áreas entre empresas – ou de uma mesma área da empresa – vistas ao longo do tempo.

Por meio do *benchmarking*, torna-se possível o acesso a melhores práticas e a seu uso por empresas, concorrentes ou não, do mesmo setor de atividade ou não, que possam ser agregadas ao processo produtivo/operacional de uma organização. Dessa forma, essas empresas têm a possibilidade de construir seu mercado, isto é, conquistar e reter clientes. Em outras palavras, o *benchmarking* é um método para melhorar o desempenho a fim de identificar as melhores práticas de gestão.

Brainstorming – técnica utilizada para gerar ideias. Incentivo à livre promoção de ideias sem restrições ou limitações à exequibilidade. Consiste em propor a um grupo a relação de todo tipo de associações que vierem à cabeça, sem nenhuma análise sobre sua pertinência, para avaliação posterior. Visa à solução de problemas em grupo além do aumento da criatividade e da participação de todos os membros desse grupo.

Bruno Henrique Rocha Fernandes – doutor em administração pela Faculdade de Economia, Administração e Contabilidade da Universidade de São Paulo (FEA-USP) e pela Universidade de Cambridge, na Inglaterra. Professor e consultor em estratégia e gestão de pessoas. É coautor do livro *Administração estratégica: da competência empreendedora à avaliação de desempenho*.

C

Cadeia econômica – integração de diversos setores empresariais e industriais, públicos ou privados, conforme suas missões, suas responsabilidades, suas possibilidades e seus interesses.

Carl Gustav Jung – psiquiatra suíço, fundador da psicologia analítica ou junguiana. Foi assistente de Eugen Bleuer no Hospital de Zurique. Fez estudos da psicologia do inconsciente e desenvolveu a teoria dos tipos psicológicos. Teve um período de convivência com Sigmund Freud, mas as divergências entre eles culminaram em afastamento. No Brasil, influenciou a psiquiatra Nise da Silveira, que revolucionou o tratamento de pacientes psicóticos e fundou o Museu do Inconsciente no Rio de Janeiro. Nasceu em 1875 e morreu em 1961.

Carolyn Taylor – presidente da Corporate Vision, empresa australiana de consultoria, especialista em cultura e mudança de comportamento organizacional. É autora do livro *Walking the talk: building a culture for success*.

Cenários – técnica de formulação de várias descrições hipotéticas plausíveis de tendências, em termos de variáveis qualitativas e quantitativas de eventos futuros.

\ Coleção Gestão de pessoas

Charlotte Shelton – doutora em aconselhamento pela Northem Illinois University. Professora na Rockhurst Colleges School of Management. Ocupou posições de gerenciamento sênior no setor de Recursos Humanos. Palestrante, conferencista e consultora, é membro fundador da Wise Work, uma organização virtual de consultoria especializada no desenvolvimento de produtos e serviços organizacionais inovadores. É autora de *O ser quântico*, de *Sociedade quântica* e de *QS: inteligência espiritual* (este em coautoria com o psiquiatra Ian Marshall).

Christopher Argyris – nascido em 1923, Chris Argyris é professor de comportamento educacional e organizacional na Harvard University desde 1971. Também lecionou na Yale University, na cadeira de administração industrial. Por vezes apelidado de "romântico" pelos colegas, Argyris é considerado uma autoridade mundial na área de comportamento organizacional. Ele foi o precursor do conceito de aprendizagem dupla – *double-loop learning* –, segundo o qual as empresas aprendem duplamente se emendarem os erros e as normas que os causaram. O objetivo é criar empresas que aprendam continuamente – *learning organization*.

Christopher A. Bartlett – professor emérito da Harvard Business School. Já publicou oito livros, incluindo (em coautoria com Sumantra Ghoshal) *Managing across borders: the transnational solution*, nomeado pelo *Financial Times* como um dos 50 livros de negócios mais influentes do século, e *The individualized corporation*, publicado pela Harper Business em 1997, vencedor do prêmio Igor Ansoff para o melhor trabalho na nova gestão estratégica e nomeado um dos melhores livros de negócios para o milênio pela revista *Business Strategy*.

Claus Otto Scharmer – conferencista sênior do Massachusetts Institute of Technology (MIT) e presidente fundador do Presencing Institute, coprojetou e ministrou programas de liderança premiados em diversos países. É diretor fundador do Elias (Emerging Leaders for Innovation Across Sectors), uma plataforma que reúne 20 instituições globais de liderança nos setores de negócios, governo e sociedade civil, para prototipar inovações profundas para um mundo mais sustentável.

Clientes internos – são os colegas de trabalho para os quais você entrega o produto ou serviço de seu trabalho. Caso ele não tenha sido bem-feito, então o colega que depende desse produto ou serviço terá seu trabalho prejudicado.

Clientes externos – consumidores ou fornecedores dos produtos e serviços da empresa.

Clima organizacional – ambiente humano dentro do qual os integrantes de uma organização desenvolvem seu trabalho. Constitui o meio interno de uma organização, sua atmosfera psicológica e característica. Refere-se, especificamente, às propriedades motivacionais do ambiente interno de uma organização.

Cluster – grupo, geograficamente próximo, de empresas interligadas e instituições associadas a um determinado setor, ligadas por fins comuns e por complementaridade, que interagem, gerando sinergias.

Coaching – técnica que visa a aprimorar o desempenho e o aprendizado de outros. Envolve a prática de *feedback*, os questionamentos efetivos, a motivação e o alinhamento consciente entre o estilo gerencial de quem está fornecendo o *coaching* e a prontidão daquele que o está recebendo para realizar uma determinada tarefa.

Cognitivo – relativo à cognição, que é o processo de aquisição/apreensão de conhecimento.

Componentes organizacionais – termo utilizado por Noel Tichy, professor da Universidade de Michigan, para designar aqueles elementos mais significativos da realidade organizacional.

Tichy utiliza os seguintes componentes:

- entradas – clientes, fornecedores, acionistas, concorrentes, colaboradores;
- aspectos sociais, políticos, econômicos e tecnológicos;
- recursos e história da empresa, estratégias, objetivos;
- valores – cenários atual e futuro, posições de excelência estratégica;

Coleção Gestão de pessoas

- visão sobre a posição que a empresa deverá vir a ocupar;
- atividades – requeridas para a viabilização das estratégias;
- estrutura, pessoas, processos – autoridade e responsabilidade;
- o modo como as atividades estão agrupadas e organizadas ao longo de toda a empresa;
- competências, motivação, estilos;
- desenvolvimento, avaliação, reconhecimento;
- controle, qualidade;
- gestão do negócio, gestão de pessoas, comunicação, decisão;
- redes emergentes e saídas – resultantes das interações entre componentes organizacionais;
- retornos sobre o investimento;
- imagem interna e externa;
- satisfação de clientes, colaboradores e acionistas.

Esses componentes organizacionais devem estar alinhados entre si e ser compartilhados pelos membros da organização.

Craig Hickman – autor de mais de uma dúzia de livros, entre eles, *best sellers* nacionais e internacionais como *O princípio Oz*, *O jogo de estratégia* e *Mente de gerente: alma de líder.*

Cristiano de Oliveira Maciel – administrador e professor brasileiro. Doutor e mestre em administração de empresas pela Pontifícia Universidade Católica do Paraná e Universidade Federal do Paraná, respectivamente. Atua como coordenador adjunto do curso de administração da Facinter e leciona nos cursos de graduação e pós-graduação nas áreas de estratégia organizacional, marketing e métodos de pesquisa. Suas áreas de pesquisa incluem estratégia organizacional, teoria das organizações, métodos avançados de pesquisa e comportamento do consumidor.

Coimbatore Krishnarao Prahalad – indiano naturalizado americano, conhecido como C. K. Prahalad. Doutor em administração por Harvard e professor titular de estratégia corporativa do programa de MBA da Universidade de Michigan, é o atual conselheiro do governo indiano para empreendedorismo e também autor de livros muito procurados. É considerado o mais influente pensador do mundo dos negócios.

Competências gerenciais

É autor de *The multinational mission: balancing local demands and global vision* e do *best-seller Competindo pelo futuro*, escrito com Gary Hamel e publicado em 20 idiomas. *O futuro da competição* e *A riqueza na base da pirâmide* também se tornaram, rapidamente, grandes sucessos de vendas e são algumas de suas obras mais recentes.

Muitos de seus artigos foram publicados nos mais importantes jornais e revistas do mundo, e receberam diversos prêmios, como o McKinsey Prize – melhor artigo do ano, entre os publicados na *Harvard Business Review* –, o prêmio de melhor artigo da década, entre os publicados no *Strategic Management Journal* e o *European Foundation for Management Award*.

D

Dan J. Sanders – foi piloto da Força Aérea dos EUA. Trabalhou na rede de supermercados United, nos departamentos de Propaganda, Marketing, Vendas e Recursos Humanos, até assumir a presidência da empresa, a primeira entre os supermercados americanos a receber o *Torch Award*, prêmio destinado a organizações que se destacam por suas práticas éticas. Foi cofundador do Center for Corporate Culture, que oferece treinamentos em liderança para executivos e respectivas equipes.

Dave Ulrich – professor da Faculdade de Administração de Empresas da Universidade de Michigan, onde é codiretor do Programa Executivo de Recursos Humanos. É considerado um dos maiores especialistas da área no meio acadêmico, além de guru número 1 dos executivos que lidam com gestão de pessoas no mundo. Já publicou mais de 100 artigos e escreveu 15 livros sobre o assunto. É autor do livro *Os campeões de recursos humanos: inovando para obter os melhores resultados*.

David A. Kolb – teórico da educação, cujos interesses e cujas publicações são focados na aprendizagem experiencial, na mudança individual e social, no desenvolvimento de carreira e de educação executiva e profissional. Ele é o fundador e presidente da Experience Based Learning Systems, Inc. (EBLS), e professor de comportamento organizacional no

Weatherhead School of Management, Case Western Reserve University, Cleveland, Ohio.

David Bohm – físico, foi um dos pensadores de destaque da segunda metade do século XX. Professor emérito da Birbeck College, de Londres, escreveu um grande numero de artigos e livros, entre os quais *Causality and chance in modern physics, The undivided universe* e *O pensamento como um sistema*, lançado no Brasil. Foi profundamente inspirado por Einstein, mas foi além, buscando uma compreensão da totalidade sistêmica do universo. Buscou, na ciência e na filosofia, a compreensão da natureza da realidade, em geral, e da consciência, em particular.

David Clutterbuck – consultor especialista em gestão com ênfase em mentoria, *coaching* e liderança. Fundou a Clutterbuck Associates, empresa de consultoria especializada em treinamento e desenvolvimento de competências nas organizações. Publicou mais de 40 livros, entre eles, *Everyone needs a mentor*, clássico na área de mentoria, e centenas de artigos.

Despótico – relativo ao despotismo, que é um sistema de governo fundamentado no poder absoluto, arbitrário e dominador.

Diagnóstico organizacional – análise da estrutura da organização, a fim de avaliar e reconhecer suas realidades, potencialidades e dificuldades.

É um processo que busca alternativas de ação e implantação de melhorias para o perfeito desenvolvimento e desempenho da empresa.

Don Tapscott – considerado um dos principais *cibergurus* do século XXI, é presidente da empresa de pesquisa e consultoria nGenera Innovation Network. Destaca-se como empreendedor e consultor, com fama internacional. É especialista em estratégia de negócios e em transformações sociais na era digital. É, também, professor adjunto de administração na Rotman School of Management da University of Toronto. Como autor e coautor, escreveu 11 livros de destaque sobre a era digital, entre eles, *Wikinomics, Geração digital* e *Plano de ação para uma economia digital*.

Competências gerenciais /

Donald Schön – ensinou filosofia na Universidade da Califórnia em 1953 e, depois, seguiu, por dois anos, carreira no Exército dos Estados Unidos. Simultaneamente, lecionava na Universidade do Kansas como professor-assistente de filosofia. Durante a administração de Kennedy, foi nomeado diretor do Instituto de Tecnologia Aplicada do National Bureau of Standards, no departamento de comércio, onde permaneceu até 1966. Ex-presidente da Organização para a Inovação Social e Técnica do MIT, foi pioneiro no desenvolvimento do conceito de *ciência-ação*, uma abordagem investigativa da gestão para lidar com problemas e erros nas organizações. De sua obra escrita, destacam-se os livros *Organizational learning: a theory of action perspective* e *Theory and pratice: increasing professional efficiency*, ambos escritos em coautoria com Chris Argyris. Morreu em 13 de setembro de 1997.

Douglas K. Smith – consultor e escritor norte-americano, é especialista em gestão estratégica, liderança e inovação. Diretor da empresa de consultoria McKinsey & Company, é autor de, entre outros livros e artigos sobre liderança, *The wisdom of teams*, *On value and values: thinking differently about we in an age of me* e *Make success measurable*.

E

E-business – denominação dada aos negócios feitos por meio da internet, no sentido mais amplo da palavra negócio, desde contatos diretos com consumidores, fornecedores como também análises de mercado, análises de investimentos, busca de informações sobre o macroambiente, pesquisa de mercados, etc.

Ecologia – ciência que estuda as interações entre os organismos e seu ambiente, ou seja, é o estudo científico da distribuição e abundância dos seres vivos e das interações que determinam sua distribuição. Ecologia é o estudo das complexas inter-relações, chamadas, por Darwin, de *condições da luta pela vida*.

Edgar H. Schein – foi professor do Alfred P. Sloan School of Management, do Instituto Tecnológico de Massachussets, durante mais de 40 anos, onde realizou suas mais significativas contribuições. Clarificou o conceito de cultura empresarial e demonstrou sua relação com a liderança. Inventou também os termos *âncora de carreira* e *contrato psicológico*. É autor de *Organizational psycology, Careen dynamics, Process consultation* e muitos outros livros e artigos.

Edward L. Gubman – PhD, é líder mundial da Hewitt Associates e presta consultoria às principais empresas do mundo. Faz conferências para grupos de empregados de empresas e de profissionais em geral. Já publicou numerosos artigos sobre o desempenho das organizações e a gestão de pessoas. Costuma ser citado pelo *The Wall Street Journal*, pelo *Chicago Tribune* e por outras importantes publicações.

Eficácia – conceito relacionado à ideia de fazer as coisas de forma correta, atingindo resultados. Diz respeito aos objetivos propostos, ou seja, a relação entre os resultados propostos e os atingidos. Muito ligada à ideia de eficiência, que diz respeito a fazer as coisas da melhor maneira possível, fazer benfeito. Nesse sentido, eficiência é cavar um poço artesiano com perfeição técnica, já eficácia é encontrar a água.

Eficiência – ação de boa qualidade praticada corretamente, sem erros e orientada para a tarefa. Em outras palavras, diz respeito aos meios de se fazer bem certos processos, fazer certo um processo qualquer. Ressalte-se que o conceito de eficiência diferencia-se do conceito de eficácia. Por exemplo, eficiência é cavar um poço artesiano com perfeição técnica; eficácia é encontrar a água.

Elementos psicossociais – elementos relacionados aos aspectos psicológicos juntamente com os aspectos sociais, como autoestima, integração e motivação, entre outros.

Elliott Jaques – psicólogo e psicanalista. Desenvolveu, durante 25 anos, estudos longitudinais sobre o intelecto humano, elaborando conceitos revolucionários sobre a natureza da inteligência e do potencial humano. Posteriormente, tais estudos foram aplicados nos cinco continentes, comprovando suas hipóteses sobre níveis de abstração do intelecto humano. É autor de numerosas obras, como *A general theory of bureaucracy,*

Competências gerenciais /

The life and behavior of living organisms, Social power and the CEO, Requisite organization, Human capability, com Kathryn Cason. Além disso, é criador do conceito de cultura organizacional.

Empowerment – técnica gerencial que melhora os processos e o rendimento de uma empresa. O poder encontra-se descentralizado, por meio da delegação de poderes dos níveis hierárquicos mais elevados para os mais baixos. Trata-se do reconhecimento do valor dos funcionários, delegando-lhes o suficiente poder de decisão e responsabilidade para que possam resolver, com mais independência, os problemas de sua alçada.

Endoacting – ferramenta de gestão para motivar, envolver e obter a participação ativa dos colaboradores de determinada empresa que objetiva a solução dos problemas e o comprometimento de todos com os objetivos e as estratégias da empresa.

Endomarketing – ações de marketing voltadas para o público interno da empresa, com o fim de promover, entre seus funcionários e departamentos, valores destinados a servir o cliente – segundo visão do professor Saul Faingaus Behin, pioneiro do conceito no Brasil.

Eneagrama sistêmico – o eneagrama é um símbolo universal introduzido no ocidente por G. I. Gurdjeff, que permite o autoconhecimento profundo e completo da personalidade, do corpo físico, de sua energia e dos acontecimentos da vida do ser humano.

Estudos longitudinais – método de pesquisa que visa analisar as variações nas caraterísticas dos mesmos elementos amostrais (indivíduos, empresas, organizações, etc.) ao longo de um garnde período de tempo – frequentemente, vários anos.

F

Fela M. Moscovici – psicóloga e mestre em psicologia social pela Universidade de Chicago (EUA), com especialização em consultoria organizacional no NTL – Institute of Applied Behavioral Science (EUA).

Coleção Gestão de pessoas

É fundadora e didata-mestra da Sociedade Brasileira de Dinâmica de Grupo. Foi professora de cursos de graduação e pós-graduação da Escola Brasileira de Administração Pública/Ebape e do Centro Getulio Vargas (RJ). É autora dos livros *Equipes dão certo*, *Renascença organizacional*, *Desenvolvimento interpessoal* e *A organização por trás do espelho*.

Fernando C. Prestes Motta – foi professor titular do departamento de Administração Geral e Recursos Humanos da Eaesp/FGV e da USP. Autor de mais de 70 artigos e 12 livros de administração, entre os quais encontramos *Organização e poder: empresa, Estado e escola*, publicado pela Atlas. Considerado um dos mais importantes acadêmicos do campo no Brasil, seus interesses de pesquisa incluíam as áreas de cultura, simbolismo e mitologia organizacional.

Follow-up – auditoria para verificação da eficácia das ações corretivas e preventivas.

G

Gary Hamel – professor de administração estratégica internacional na London Business School. Possui experiência como consultor, tendo prestado consultoria a empresas no mundo inteiro, como Rockweel, Motorola, Alcoa, Nokia, EDS, Ford e Dow Chemical. Dois artigos que escreveu em parceria com Prahalad na *Harvard Business Review* ganharam o prestigiado prêmio de excelência da McKinsey. O primeiro divulgou o conceito de *strategic intent*, e o segundo, o de *core competence*. Escreveu, com Prahalad, *Competing for the future*.

George Ivanovich Gurdjieff – nasceu em Alexandropol, Rússia, provavelmente no ano de 1866. Com pai grego e mãe armênia, teve sua infância e juventude marcadas por contatos com diversas formas de conhecimento e espiritualidade. Como sua cidade natal era berço de uma mistura bastante rica de tradições, Gurdjieff teve experiências muito peculiares.

Em 1883, mudou-se para Tiflis e, nessa época, começou suas viagens e seus estudos junto a centros religiosos e esotéricos da época.

Ensinou o autoconhecimento profundo, por meio da lembrança de si, transmitindo a seus alunos – primeiro em São Petersburgo, depois em Paris – o que aprendera em suas viagens pela Rússia, Afeganistão e outros países. Seu ensinamento foi transmitido de forma clara para o Ocidente por seu discípulo Peter Ouspensky, a quem o mestre permitiu que fossem tomadas notas de suas conferências em Moscou, São Petersburgo e outras cidades da Rússia. O fruto desse trabalho resultou no livro *Fragmentos de um ensinamento desconhecido*, que traça, de forma didática, as principais lições do mestre greco-armênio, então residente na Rússia.

Após sofrer um grave acidente automobilístico em meados dos anos 1930, Gurdjieff dedicou-se a escrever seus livros, dando origem à trilogia composta por *Relatos de Belzebub a seu neto, Encontros com homens notáveis* e *O mundo só é real quando eu sou*.

Gerardo Rivera Ungson – PhD em administração de negócios, com MBA em gerenciamento, é professor de negócios internacionais pela San Francisco State University. Sua linha de pesquisa é focada em estratégias de mercado, aliança de estratégias globais e mudanças organizacionais. Escreveu vários livros e artigos, entre eles, *Organizational memory* – memória organizacional.

Gestão do conhecimento – conceito que cria rotinas e sistemas para que todo o conhecimento adquirido em um determinado ambiente cresça e seja compartilhado. Uma importante função da GC é explicitar, registrar e disseminar, por toda a organização, maneiras de fazer que estejam restritas a indivíduos, propiciando a geração de novos conhecimentos. Nas organizações, a criação, a explicitação, o compartilhamento, a apropriação e a aplicação do conhecimento são algumas etapas que ilustram o processo de GC. Quando se considera as micro e pequenas empresas, dimensões como a visão estratégica dos sócios e diretores, a cultura organizacional e o aprendizado com o ambiente externo são considerados fundamentais para a GC.

Coleção Gestão de pessoas

H

Habilidades quânticas – conjunto de capacidades que surgem a partir da ampliação da consciência, da compreensão do ser que se percebe infinito e responsável por tudo o que cria.

Harvey Robbins – especialista em equipes e desenvolvimento de grupos de trabalho eficazes. Psicólogo clínico e diretor da Robbins & Robbins, que presta consultoria para muitos grupos, incluindo a 3M, AT&T, Allied Signal, American Express Financial, General Dynamics, Honeywell, Johnson & Johnson, entre outros.

Henry Mintzberg – engenheiro mecânico, foi pesquisador operacional na Canadian National Railways. É PhD pela Sloan School of Management do MIT. É professor da MCGill University, professor visitante na Carnegie Mellon University, na Université d'Aix-Marseille, na École des hautes études commerciales of Montreal, na London Business School e no Insead. Possui, também, 15 diplomas honorários de universidades de todo o mundo.

I

Índice PPA – indicador do percentual de atividades planejadas em um período de seis semanas com base na programação-mestre. O sucesso da programação de médio prazo é verificado pelo grau de desvio no que tange à programação-mestre e pelo grau de seleção das operações para as programações de curto prazo.

Input/**insumo** – fator essencial aos processos produtivos, tanto de mercadorias como de serviços, que cria condições propícias para uma consequente produtividade. De forma mais genérica, são investimentos que ajudam a obtenção de certo resultado. As ferramentas e os recursos relacionados à motivação e aos objetivos específicos são exemplos de *input* – ou, em português, insumo.

Insight – compreensão repentina, em geral intuitiva, de suas próprias atitudes e seus comportamentos, de um problema, de uma situação.

Iria Luppi – graduada em análise e desenvolvimento de sistemas, é especialista em desenvolvimento de *software* e desenvolvimento de aplicações corporativas orientadas a objetos.

J

James P. Walsh – bacharel e mestre em artes e doutor em filosofia. Professor na Stephen Michigan Ross School of Business, onde ensina nos cursos de BBA, MBA, *executive education* e *PhD programs*. Foi eleito presidente da Academia de Gerenciamento. Escreveu, juntamente com Gerardo Ungson, o artigo *Organizational memory* – memória organizacional.

Jeanne C. Meister – com mais de 25 anos de experiência, atuando nas áreas de marketing, gestão de talentos em recursos humanos e aprendizagem empreendedora. A partir da primeira década do século XXI, seu nome tem sido sinônimo de desenvolvimento das universidades corporativas, por meio da publicação de seus livros *Corporate quality universities* e *Corporate universities*. É também autora de *Building a learning organization*.

John Gattorna – tem trabalhado nas áreas de gestão de cadeias de valor e estratégia logística desde os anos 1980. Ao se aposentar, passou a se dedicar ao ensino, à pesquisa e à escrita. Desenvolveu um novo modelo, prático e efetivo para que a gestão das cadeias de valor aproximasse empresa, clientes e fornecedores, de modo a direcionar o negócio rumo ao crescimento. É autor de obras, entre as quais, *Living supply chains*, *Dynamic supply chain alignment* e *Dynamic supply chains*.

John P. Meyer – professor e psicólogo norte-americano, leciona na University of Western Ontario. Suas áreas de pesquisa são atitudes no trabalho, motivação, liderança e mudança organizacional. Publicou a obra *Commitment in the workplace: theory, research, and application*, junto com Natalie J. Allen.

Coleção Gestão de pessoas

Jon R. Katzenbach – consultor norte-americano, é bacharel e pós-graduado em economia pela Universidade de Stanford e pela Universidade de Harvard, respectivamente. Fundador da Katzenbach Partners LLC, empresa de consultoria especializada em gestão estratégica e liderança. É autor de artigos e livros, entre os quais, *Why pride matters more than money, Peak performance, Teams at the top, Real change leaders, The myth of the top management team, Firing up the front line* (com Jason A. Santamaria), *The discipline of teams* (com Douglas K. Smith) e *The wisdom of teams* (com Douglas K. Smith).

Joseph Jaworski – iniciou sua carreira como advogado, vindo a destacar-se entre 1% dos melhores advogados criminalistas dos EUA na década de 1970, sendo eleito membro do American College Trial Lawyers. Ajudou a fundar a United Savings Life Insurance Company e a Alaskan Oil and Refining Corporation, além de ter dirigido uma empresa de criação de cavalos que produziu um campeão supremo da Associação Americana de Cavalos Quarto de Milha, em 1972.

Em 1980, deu uma guinada em sua vida e fundou o American Leadership Forum, uma agência não governamental com a finalidade de desenvolver a liderança colaborativa voltada para problemas urbanos e regionais nos EUA. Foi, posteriormente, convidado a juntar-se ao Royal Dutch Shell Group, em Londres, para liderar uma equipe multinacional de peritos na criação de cenários globais.

Atualmente, trabalha no Centro de Aprendizagem Organizacional do MIT, com corporações líderes na construção de organizações que aprendem. Ajudou, também, na criação do Centre for Generative Leadership, que visa ao desenvolvimento de lideranças necessárias à criação do futuro.

K

Kirk L. Stromberg – sociogerente da Start Compass Group, LLC, consultoria específica em promover mudanças em nível empresarial e individual, foi executivo da Aarp, responsável pelo planejamento estratégico, por várias iniciativas de mudanças e pelo gerenciamento de operações de pesquisa e treinamento.

Kevin Cashman – fundador e presidente da Leader Source, empresa internacional que atua em consultoria de desenvolvimento de liderança, *coaching* executivo, eficácia em formação de equipe e gerenciamento de talentos. Fundador do Executive to Leader Institute, com destaque na abordagem multidisciplinar do *coaching* executivo. Atua em várias instituições com vistas ao aprimoramento da liderança baseada em princípios organizacionais, atuando, inclusive, com crianças. Tem como principais clientes General Mills, Novartis, Johnson & Johnson, 3M, Zurich Financial, entre outras. É também colunista para liderança da Forbes.com.

L

Larissa Costa – coordenadora do trabalho *Redes: uma introdução às dinâmicas da conectividade e da auto-organização*, WWF – *Brasil*, 2003.

Lívia Dutra – apresentou a monografia *Liderança carismática: análise da construção da imagem de Adolf Hitler nos documentários – o triunfo da vontade e arquitetura da destruição*, no curso de comunicação social, do Departamento de Ciência da Comunicação do Centro Universitário de Belo Horizonte (UNI-BH), como requisito parcial para obtenção do título de bacharel em jornalismo.

Logística – área da empresa que trabalha a parte de projeto e desenvolvimento, obtenção, armazenamento, transporte, distribuição, manutenção e evacuação do material para fins operativos ou administrativos.

Loop – forma mais genérica de estrutura de controle de repetição. Recebe um conjunto de expressões que avalia sequencialmente, repetindo essa avaliação em ciclo até que seja avaliada a forma especial.

Luiz C. Di Serio – engenheiro e professor brasileiro, é graduado e PhD em engenharia mecânica pela Unesp e USP São Carlos, respectivamente. É professor-titular da Escola de Administração de Empresas de São Paulo da Fundação Getulio Vargas, e nas áreas de gestão de engenharia de produto e processos, informática, qualidade e projetos industriais. Trabalhou em empresas como Equipamentos Villares SA e FMC do Brasil SA. Publicou obras, entre as quais, *Tecnologia de grupo no planejamento de um sistema produtivo* e *Estratégia e competitividade empresarial: inovação e criação de valor*, em coautoria com Marcos Augusto de Vasconcellos.

M

Marcos de Castro – possui graduação em administração (Unicentro), especialização em administração de recursos humanos. Mestre em administração pela Universidade Federal do Paraná, atualmente é professor-assistente no departamento de administração da Universidade Estadual do Centro-Oeste, atuando no ensino e na pesquisa. Também atua como consultor credenciado no Sebrae.

Marcus Augusto de Vasconcellos – professor-titular da Eaesp/FGV, ensina nos cursos de graduação e especialização. Engenheiro industrial pela Universidade Mackenzie, obteve os graus de mestre e doutor em administração de empresas pela Eaesp/FGV onde ocupou o cargo de vice-reitor (de julho de 2003 a junho de 2007).

Como executivo, tem coordenado, desenvolvido e implementado projetos nas áreas de planejamento e gestão, qualidade total, gestão de materiais e sistemas de suprimentos.

Como consultor, atua em projetos coordenados da GV Projetos nas áreas de atividade do Departamento de Produção e Administração de Operações (POI). Atualmente, é coordenador do fórum de inovação e do Simpósio Anual de Administração da Produção e Operações Internacionais (Simpoi).

Seus interesses de pesquisa estão nas áreas de gestão da qualidade e produtividade; organizações e redes de inovação. Suas áreas de atuação são, entre outras, inovação e organizações inovadoras, produção/administração de operações, administração de materiais e gestão de estoques. É coautor do livro *Estratégia e competitividade empresarial: inovação e criação de valor*, com Luiz Carlos Di Serio.

Maria Luisa Mendes Teixeira – pedagoga e administradora brasileira, é doutora em administração de empresas pela Universidade de São Paulo. Professora da Universidade Presbiteriana Mackenzie, na área de gestão de pessoas e comportamento organizacional, publicou o livro *Valores humanos e gestão*.

Maria Tereza Leme Fleury – diretora da Eaesp/FGV e professora da FEA/USP, foi diretora e vice-diretora desta última. Atua como *visiting schollar* na University of Cambridge, IDS, University of Sussex, IDE, Tokyo e professora-visitante da Essec, França. Integrou o comitê assessor CNPq e foi diretora da Anpad. Atualmente, é membro de coordenação da Fapesp, do conselho de pesquisa do Euromed/França, do Conselho FIA – Fundação Instituto de Administração – e do Conselho da Fundação da Faculdade de Medicina; membro do Conselho Editorial da *Rausp*; do *International Journal of Human Resources*. Tem pesquisa e experiência profissional nas áreas de administração, gestão internacional, gestão de competências, cultura e aprendizagem.

Marisa Eboli – mestre e doutora em administração pela FEA-USP, coordena projetos de universidades corporativas. É autora de diversos artigos relacionados com relações de trabalho, gestão de pessoas, treinamento, desenvolvimento e educação, cultura organizacional e modernidade nas organizações.

Myers-Briggs Type Indicator® (MBTI®) – instrumento desenvolvido por Katharine Briggs e sua filha, Isabel Myers, baseado nos trabalhos do psiquiatra-psicanalista suíço Carl Gustav Jung sobre tipos psicológicos. Utilizando um questionário que avalia oito preferências em

Coleção Gestão de pessoas

quatro escalas bipolares, o instrumento pode auxiliar pessoas e organizações nos trabalhos de autoconhecimento e de desenvolvimento.

Max Weber – nasceu no dia 21 de abril de 1864. Morou com seus tios e se apaixonou por sua prima. Ficaram juntos por seis anos, porém, boa parte desse tempo, viveu em um sanatório. Devido a uma pneumonia, faleceu no dia 14 de julho de 1920. Economista, destacou-se ao escrever *A ética protestante* e *O espírito do capitalismo*, obra em que, procurando esclarecer as características específicas do capitalismo, apontou a relação significativa entre a ética protestante e o espírito capitalista moderno. Baseou seus estudos em análises de natureza religiosa. Foi, pesadamente, influenciado por um autor do século XIX, Rudolph Sohm (1882), que estudou formas de organização cristã nas quais indivíduos são chamados a ocupar liderança por virtude de evidência de *charismata*, palavra grega que significa *o dom da graça divina*.

Mecânica quântica – parte da física que estuda o movimento de partículas muito pequenas, ou seja, em nível subatômico.

Método Phillips 66 – variante do *brainstorming*. A técnica consiste em formar grupos de seis pessoas que discutem o assunto por seis minutos, sendo um minuto por pessoa. Depois, formam-se grupos com um membro de cada grupo, que relata aos demais o que ocorreu no grupo de que participou.

Michael Finley – jornalista e escritor especializado nas áreas de teoria gerencial, estrutura organizacional e tecnologia da informação. É colunista de negócios da *St. Paul Pioneer Press* e dos jornais da *Knight-Ridder*. Seus artigos lhe renderam o prêmio Wired World, do jornal *Financial Times*. Autor de *Por que as equipes não funcionam: o que não deu certo e como torná-las criativas e eficientes*, juntamente com Robbins.

Michael Thompson – professor e consultor norte-americano, atua como professor e reitor na Brigham Young University. Suas áreas de pesquisa são liderança, comportamento organizacional, gestão de comunicação e gestão do conhecimento. Prestou serviços de consultoria em grandes empresas norte-americanas, como Johnson Controls, AT&T, The U.S. Air Force, Ford Motor Company e Coregis Insurance.

Competências gerenciais /

Miguel P. Caldas – professor do Departamento de Administração Geral e Recursos Humanos da Eaesp/FGV, é mestre e doutor em administração por essa instituição. Foi *visiting scholar* na University of Texas em Austin. Seus principais interesses de pesquisa estão ligados à mudança e ao *design* organizacional, à teoria das organizações e à pesquisa/ensino de administração.

Missão – razão de existir de uma organização que constitui seus valores e objetivos. É um compromisso estabelecido que deve ser cumprido. A missão faz parte da estratégia e é uma importante ajuda para a unificação e motivação dos membros de uma entidade.

Modelo de metas racionais – modelo gerencial baseado na clareza de objetivos, na direção, na produtividade e na realização.

Modelo de processos internos – modelo gerencial baseado na documentação, no gerenciamento de informações, na estabilidade e no controle.

Modelo de relações humanas – modelo gerencial baseado na participação, na abertura, no compromisso e na moral.

Modelo de sistemas abertos – modelo gerencial baseado na inovação, na adaptação, no crescimento e na aquisição de recursos.

Modelo estrutura-estratégia-sistemas – modelo de gestão de empresa caracterizado por apresentar uma interação mais restrita entre dirigentes e colaboradores, um ambiente de maior conformidade, no qual há pouco espaço para iniciativas, participação e criatividade. Nesse espaço, há pouca flexibilidade para se obter, prontamente, o engajamento de todos, a fim de fazer frente aos desafios de ambientes cada vez mais competitivos.

Modelo propósitos-processos-pessoas – modelo de gestão de empresa que caracteriza-se por enfatizar a exploração da energia, criatividade e liberdade para as iniciativas, procurando moldar os comportamentos das pessoas por meio da criação de ambientes que as capacitem a tomar iniciativas, cooperar, aprender e empreender. Nesse espaço, sentimentos e intuição podem transitar mais livremente pela organização, e as pessoas encontram melhores condições para coconstruir os alinhamentos requeridos e alcançar os resultados.

N

Natalie J. Allen – professora e psicóloga norte-americana, leciona na University of Western Ontario. Suas áreas de pesquisa são mudança de carreira e comprometimento organizacional. Publicou a obra *Commitment in the workplace: theory, research, and application*, junto com John P. Meyer.

Norm Smallwood – professor e consultor norte-americano, considerado uma das principais autoridades quando o assunto é liderança e desenvolvimento organizacional e recursos humanos. Professor na Universidade de Michigan e cofundador da The RBL Group (empresa de consultoria), tendo, entre outros clientes, Ford, GlaxoSmithkline, Hallmark, Harley-Davidson, Intercontinental Hotel Group, Intel, National City Bank, Nike, StorageTek e Zurich Financial. Autor de, entre outras obras, *Why the bottom line ISN'T!*, *Leadership brand* e *The change champion's field guide*.

O

Organização de alto desempenho – definida por Katzenbach e Douglas Smith, consultores da McKinsey & Company, como uma organização que apresenta um desempenho consistentemente melhor do que os concorrentes durante um longo período de tempo, por exemplo, 10 ou mais anos. Seu desempenho supera também as expectativas de importantes jogadores: acionistas, clientes e funcionários.

Output – contribuição do trabalho em um determinado resultado. É um indicador de produtividade do trabalho.

P

Parceiro administrativo – enquanto gestores de pessoas, atuamos como parceiros administrativos da empresa quando obtemos a eficiência dos processos administrativos em que estamos envolvidos e contribuímos para aumentar a produtividade e reduzir perdas por meio do adequado gerenciamento de nossos colaboradores.

Parceiro empresarial – composto formado pelos papéis de parceiro estratégico, parceiro administrativo, parceiro motivacional e agente de mudança.

Parceiro estratégico – enquanto gestores de pessoas, atuamos como parceiros estratégicos da empresa quando participamos do processo de definição da estratégia da empresa; fazemos perguntas que convertem a estratégia em ação e concebemos práticas de condução de pessoas que se ajustam à estratégia da empresa.

Parceiro motivacional – enquanto gestores de pessoas, atuamos como parceiros motivacionais da empresa quando compreendemos as necessidades de nossos colaboradores e buscamos os recursos necessários para que elas venham a ser atendidas, e obtemos um maior envolvimento, comprometimento e competências por parte de nossos colaboradores.

Paternalismo – termo que pode significar um regime baseado na autoridade do pai; um sistema em que o chefe se relaciona, patriarcal ou paternalmente, com seus subordinados, caracterizando um estilo de liderança; ou, na política, uma propensão a disfarçar, sob uma forma protetora, o exagero ou abuso de autoridade.

Patricia A. McLagan – especialista nas áreas de liderança e mudança organizacional, é presidente da McLagan International Inc., empresa de consultoria de instituições públicas e privadas nas áreas de mudança e planejamento organizacional.

Paulo Yazigi Sabbag – doutor em administração de empresas, pela Eaesp/FGV, e mestre em engenharia, pela Escola Politécnica da USP. Dirige a Sabbag Consultoria, voltada para o desenvolvimento de executivos.

Peg Neuhauser – foi conferencista e consultora de empresas, especializando-se nas áreas de cultura corporativa, comunicação e problemas de administração. Estudou nos Estados Unidos e na Inglaterra, e é mestre em psicologia. Escreveu *Tribal warfare in organizations* e *Corporate legends and lore: the power of storytelling a management tool*.

Pensamento quântico – capacidade de pensar paradoxalmente, em que pensamento está relacionado à estratégia empresarial.

Permite que se passe do modo ocidental de decidir entre uma ou outra possibilidade para um modo tipicamente oriental de decidir admitindo-se, ao mesmo tempo, uma e outra possibilidade. Isso expande a capacidade criativa e a intuição nos processos de tomada de decisão e solução de problemas da organização.

Peter Drucker – professor de administração de empresas na Universidade de Nova Iorque, nascido em Viena – 1909. Trabalhou, na Inglaterra, como economista e, em 1937, transferiu-se para os EUA. Autor de numerosos livros, alguns sobre gerenciamento – incluindo os marcos *The practice of management* e *The effective executive* –, e outros sobre assuntos como sociedade, economia, política, etc. Figura importante no âmbito da administração, sendo considerado uma das maiores autoridades em tal área.

Peter Senge – diretor do programa de aprendizagem organizacional e raciocínio sistêmico na faculdade de administração Sloan, no Massachusetts Institute of Thechnology (MIT), é um dos fundadores da empresa de consultoria Innovation Associates, em Framingham, Massachusetts.

Desenvolve atividades como apresentação de seminários sobre organização de aprendizagem para milhares de executivos.

Processo psicossocial – maneira pela qual se realiza a interação entre os aspectos psicológicos e os aspectos sociais.

Competências gerenciais /

R

Ram Charan – consultor independente e *coach* de líderes, foi nomeado, pela *Business Week*, uma das 10 maiores referências para programas corporativos *in-house* nos Estados Unidos. Já lecionou na Harvard Business School e é coautor dos livros *Execução* e *Líder criador de líderes*.

Robert K. Greenleaf – dedicou sua vida ao campo da administração das organizações, contribuindo com pesquisas, desenvolvimento e educação de práticas organizacionais. Contribuiu com empresas, fundações, universidades e igrejas nos tumultuados anos 1960-1970. Foi consultor da Ohio University, MIT, Ford Foundation, R. K. Mellon Foundation, Lilly Endaowment e American Foundation for Management Research. Seus estudos e suas observações organizacionais, que ocorreram por longo período, originaram uma série de ensaios, livros e vídeos sobre o tema da liderança. Foi ele quem cunhou a expressão *liderança servidora* (*The servant as leader*), destacando o papel das lideranças, em todos os tipos de organizações, como agentes de construção de uma sociedade melhor.

Robert E. Quinn – publicou muitos livros em *management* e organização, mas é particularmente interessado em assuntos que envolvem liderança, visão e mudança. Possui muitos anos de experiência trabalhando com executivos em mudança organizacional. Ministrou aulas no MBA e *Executive Education Programs* na Universidade de Michigan. É conhecido por seus esforços na inovação instrucional. Seu famoso livro *Change the world: how ordinary people can achieve extraordinary results* está cheio de anedotas e meios práticos para ajudar o líder em mudanças profundas e significantes.

Robert S. Kaplan – professor da Fundação Baker da Harvard Business School, recebeu o título de doutor *honoris causa* das universidades de Stuttgart (1994), Lodz (2006) e Waterloo (2008). Kaplan foi codesenvolvedor do método de custeio baseado em atividades e do *balanced scorecard*. Ele é autor ou coautor de 14 livros e cerca de 150 artigos.

Rowan Gibson – estrategista de negócios globais e especialista em reformulação e inovação, é autor do *best-seller Rethinking the future*. Em

Coleção Gestão de pessoas

coautoria com Peter Skarzynski, desenvolve, ao longo da obra *Inovação – prioridade nº 1*, o tema *desafios da inovação e deveres da liderança*.

S

Sentimento quântico – capacidade de se sentir efetivamente vivo. Implica focar os aspectos positivos de cada situação, favorecendo a capacidade de enxergar novas possibilidades e de se dirigir a elas.

Sidney Oliveira – é consultor, autor e palestrante especialista em geração Y, conflitos de gerações, desenvolvimento de talentos e de redes sociais. Dedica-se a desenvolver soluções em programas educacionais e comportamentais em empresas como Vale, Lojas Renner, Scania. Trabalhou no Banco Real, fundou *sites* e participou da criação e implantação de diversas empresas latino-americanas com inovações em redes sociais e pagamento digital. Atua como presidente da Kantu Educação Executiva.

Stakeholder – pessoa, grupo ou entidade com legítimos interesses nas ações e no desempenho da organização, cujas decisões e atuações possam afetar, direta ou indiretamente, a organização.

Stephen M. R. Covey – doutor pela Brigham Young University, onde também foi professor de *management* nos negócios e comportamento organizacional. É consultor, educador e escritor. Foi fundador e *chairman* do Covey Leadership Center, que se uniu ao Franklin Quest para formar o FranklinCovey – centro que realiza planejamento e consultoria empresarial. É autor do *best-seller Os sete hábitos das pessoas altamente eficazes*, seu livro mais conhecido, onde promove o que chama de *ética do caráter*, baseado em princípios de conduta.

Stuart Crainer – autor de diversos livros de negócios e também editor do *The Financial Times handbook of management*. Entre seus livros, estão *The future of leadership*, com Randall P. White e Philip Hodgson, *The Tom Peters phenomenon* e *The ultimate business library*. Escreve artigos para revistas e jornais do mundo todo, inclusive *Strategy and business*, *Across the board*, *Management today* e *Financial Times*.

Sue R. Faerman – professor e administrador norte-americano, leciona no departamento de administração pública e política da University at Albany, em Nova Iorque. Suas áreas de pesquisa são métodos de investigação e comportamento organizacional.

Sumantra Ghoshal – titular da cadeira Robert P. Baughman de liderança estratégica, na London Business School, escreveu, com C. Bartlett, a obra *Gerenciando empresas no exterior.*

T

Técnicas de trabalho em grupo – meios, métodos ou processos utilizados para alcançar os objetivos do grupo.

Teoria behaviorista – teoria que dá suporte à análise do comportamento. Enfatiza o que os líderes fazem ou não e suas características.

Teoria da contingência – enfoque que procura selecionar as variáveis associadas à situação que melhor indique o estilo de liderança que seja o mais adequado às circunstâncias.

Teoria da situação – teoria que vê a liderança como específica de uma situação, e não um tipo especial de personalidade. Admite que circunstâncias diferentes requerem formas diferentes de liderança. Entre seus defensores, estão Keneth Blanchard e Paul Hersey.

Teoria dos traços – teoria que pressupõe certos indivíduos possuírem uma combinação especial de traços de personalidade que podem ser definidos e utilizados para identificar futuros líderes potenciais, bem como para avaliar a eficácia da liderança.

Quando se sabe quem são os grandes homens, o exame de sua personalidade e de seu comportamento revela os traços do líder.

Teoria do grande homem – teoria de liderança que predominou no fim do século XIX e início do século XX, baseada na ideia de que o líder nasce com habilidades de liderança inatas, inexplicáveis, devendo ser exaltado como herói.

Teoria do poder e da influência – teoria que se concentra nas redes de poder e de influência geradas pelo líder, e que nega o papel dos seguidores e a força da cultura organizacional.

Teoria transacional – teoria que enfatiza o relacionamento entre o líder e seus seguidores, examinando o benefício mútuo de um relacionamento baseado na troca.

Teoria transformacional – teoria baseada na motivação intrínseca dos relacionamentos de troca, enfatizando o comprometimento, e não a conformidade dos seguidores.

Teste situacional – exame no qual o candidato é colocado diante de um problema para que os selecionadores avaliem a forma por meio da qual ele irá resolvê-lo.

V

Vantagem competitiva – procedimento que confere um diferencial à empresa diante do mercado, como preservar a lealdade do cliente, atrair novos consumidores, manter os produtos atualizados, e com ciclos de vida cada vez menores, e direcionar os gastos dentro de sua organização, e fora dela, com os fornecedores.

Venkat Ramaswamy – *Fellow hallman* de negócios eletrônicos e professor de marketing da Ross School of Business, da Universidade de Michigan, Ann Arbor, EUA. É reconhecido mundialmente como um líder intelectual e estudioso eclético, com ampla gama de interesses nas áreas de inovação, estratégia, marketing, *branding*, TI, operações e o lado humano da organização. Seu livro premiado *O futuro da competição* (com C. K. Prahalad) introduziu a cocriação como um conceito de negócio revolucionário.

Visão – estado futuro desejável projetado pela organização para longo prazo.

Visão holística – visão que equivale a se ter uma imagem única, sintética de todos os elementos da empresa. Olhar a organização como um todo, não em partes; a área de marketing não atua em conjunto com a área de finanças, por exemplo. Essas áreas são a empresa.

Visão quântica – capacidade de ver intencionalmente. Implica o estabelecimento de intenções claras e o compartilhamento dessas intenções com as pessoas da empresa, gerando uma visão organizacional.

Y

Yoram (Jerry) Wind – professor de marketing e diretor fundador do Fellows Program e do SEI Center of Advanced Studies in Management na Wharton School. Especialista em marketing mundialmente reconhecido, escreveu 20 livros e recebeu várias distinções na área.

Gabaritos e comentários

Autoavaliações

Gabaritos e comentários
Autoavaliações

Módulo I – Gestão estratégica de RH e competitividade

Questão 1:

Gabarito: a

a) do ser quântico.
b) da ação quântica.
c) da visão quântica.
d) da confiança quântica.

Comentários:

Charlotte Shelton afirma que *ser quântico* é a capacidade de ser nos relacionamentos, de suspender o julgamento, de escutar profundamente e comprometer-se a encontrar soluções em que todos saem ganhando. Para ela, desenvolver essa habilidade requer que nossa mente se mantenha aberta, sem prejulgamentos, e que eliminemos todos os tipos de atos emocionais de distanciamento.

Questão 2:

Gabarito: c

a) dos ritos organizacionais.
b) das formas de comunicação.

c) **da base salarial dos funcionários.**
d) do comportamento aparente das pessoas.

Comentários:

Até mesmo os elementos simbólicos – valores e crenças – são visíveis, graças ao comportamento aparente das pessoas, aos ritos organizacionais, às formas de comunicação, etc.

Questão 3:

Gabarito: a

a) **aos líderes.**
b) aos parceiros.
c) à instituição ou informal.
d) ao pessoal ou supraformal.

Comentários:

Prates e Barros descrevem um modelo do sistema de ação cultural brasileiro, constituído de quatro subsistemas que se referem:

- à instituição ou formal;
- ao pessoal ou informal;
- aos líderes;
- aos liderados.

Competências gerenciais /

Questão 4:

Gabarito: a

a) são importantes e essenciais à vida organizacional.
b) não são tão importantes, exceto em momentos de crise.
c) são importantes e exclusivos de organizações de alta tecnologia.
d) são importantes, mas menos observados em organizações inovadoras.

Comentários:

Com o ritmo acelerado das mudanças que estão ocorrendo em um mundo cada vez mais globalizado e interconectado com o empreendedorismo, a criatividade e a inovação são importantes e essenciais à vida organizacional.

Questão 5:

Gabarito: d

a) obtêm a eficiência dos processos de RH.
b) identificam um processo para administrar a mudança.
c) participam do processo de definição da estratégia da empresa.
d) obtêm mais comprometimento e competência por parte dos empregados.

Comentários:

Os gestores de RH se tornam administradores da contribuição/defensores dos funcionários quando compreendem as necessidades dos funcionários, buscando os recursos necessários para atendê-las, e obtêm maior envolvimento, comprometimento e competência desses funcionários.

Coleção Gestão de pessoas

Questão 6:

Gabarito: a

a) parceiro estratégico.
b) agente de conservação.
c) especialista em marketing.
d) organizador dos eventos festivos dos empregados.

Comentários:

O conceito de parceiro empresarial compreende a combinação de quatro papéis:

- parceiro estratégico;
- parceiro administrativo;
- parceiro motivacional;
- agente de mudança.

Cada um desses papéis é essencial ao conceito de parceria global.

Questão 7:

Gabarito: d

a) principalmente, a obtenção de lucro.
b) principalmente, o papel de parceiro estratégico.
c) atender prontamente ao que sua chefia lhe determina.
d) o conjunto dos quatro papéis do parceiro empresarial.

Comentários:

Cada um dos quatro papéis do parceiro empresarial – parceiro estratégico, parceiro administrativo, parceiro motivacional e agente de mudança – é essencial ao conceito de parceria global. Ainda que, em uma

Competências gerenciais /

dada situação, o gestor de pessoas possa atuar mais em um desses papéis, ele deve fazê-lo tendo presente o impacto e a importância dessa atuação no conjunto dos quatro papéis do parceiro empresarial.

Questão 8:

Gabarito: b

a) obtêm maior eficiência dos processos de RH.
b) concebem práticas de RH que se ajustam à estratégia empresarial.
c) ajudam as organizações a identificarem um processo para administrar a mudança.
d) obtêm maior envolvimento, comprometimento e competência por parte dos funcionários.

Comentários:

Gestores de pessoas tornam-se parceiros estratégicos quando participam do processo de definição da estratégia da empresa, fazem perguntas que convertem a estratégia em ação e concebem práticas de RH que se ajustam à estratégia empresarial.

Questão 9:

Gabarito: b

a) relação com clientes.
b) comunicação interna.
c) governança corporativa.
d) relação com fornecedores.

Coleção Gestão de pessoas

Comentários:

Gattorna aponta 13 áreas críticas que requerem ajustes com vistas à formação de uma subcultura de grupo:

- desenho organizacional;
- perfil das pessoas (atitudes e comportamentos);
- processos, tecnologia de sistemas/informação;
- planejamento de vendas e operações;
- KPIs (indicadores-chave de desempenho);
- incentivos;
- desenho do trabalho;
- **comunicação interna**, treinamento e desenvolvimento;
- modelagem de papéis (coach);
- captação de pessoas (recrutamento e seleção);
- estilo de liderança (as atitudes e os comportamentos que os líderes devem apresentar nos níveis pessoal e gerencial para serem bem-sucedidos no processo de gestão da subcultura de grupo).

Questão 10:

Gabarito: d

a) a definição da cultura empresarial que se alinhe às forças do mercado é de competência do RH.

b) o gestor deve moldar as subculturas de sua área de atuação à busca permanente de resultados financeiros sustentáveis.

c) a empresa deve alinhar as preferências que os clientes estão demonstrando no mercado às características de seus produtos ou serviços.

d) para moldar as subculturas de sua área de atuação, o gestor necessita entender e revisar os sistemas para que se alinhem ao contexto e se mantenham como geradores de performance.

Comentários:

Para moldar a subcultura de sua área de atuação, o gestor deve procurar alinhar os valores agregados de sua empresa às preferências que os clientes estão demonstrando no mercado. Para isso, ele pode-se utilizar de mensagens por meio de comportamentos, símbolos e sistemas.

Os sistemas tendem a estar por trás das mudanças da forma de pensar e dos valores da organização, e envolvem mecanismos de gestão que controlam, planejam, medem e recompensam a organização e as pessoas que nela trabalham, dando sustentação a seu funcionamento.

Gabaritos e comentários

Autoavaliações

Módulo II – Lideranças nas organizações contemporâneas

Questão 1:

Gabarito: b

a) dos próprios candidatos a líder.
b) do mais alto executivo da organização.
c) da instituição de formação universitária.
d) daquele que o indicar para ser desenvolvido como líder.

Comentários:

O desenvolvimento de líderes é responsabilidade, principalmente, do mais alto executivo da organização. É esse executivo que tem como tarefa preparar uma futura geração que supere os resultados da atual geração.

Questão 2:

Gabarito: d

a) o cliente.
b) a organização.
c) os empregados.
d) os fornecedores.

Comentários:

As quatro áreas de resultados são:

- resultados para os empregados;
- resultados para a organização;
- resultados para o cliente;
- resultados para os investidores.

Ao pontuarmos essas áreas, obtemos a contribuição relativa de cada uma delas para o resultado final, e isso se refere diretamente aos investidores, e não aos fornecedores.

Questão 3:

Gabarito: b

a) definição da trajetória.
b) busca do comprometimento.
c) demonstração de caráter pessoal.
d) desenvolvimento das capacidades organizacionais.

Comentários:

Mediante o envolvimento e o comprometimento das pessoas, os líderes convertem visão em ação. Traduzem, em cada funcionário, aspirações em comportamentos e em ações do dia a dia.

Competências gerenciais /

Questão 4:

Gabarito: c

a) ser visto como controlador e manipulador.
b) ser concebido como conservador e autossuficiente.
c) ajudar as pessoas a descobrirem suas motivações intrínsecas.
d) auxiliar na construção de mecanismos que satisfaçam às necessidades de seus superiores.

Comentários:

O líder transformacional auxilia na construção de mecanismos que satisfaçam as necessidades de seus seguidores, além de poder ser concebido como um visionário inovador e autossuficiente, capaz de ajudar as pessoas a descobrirem suas motivações intrínsecas.

Questão 5:

Gabarito: a

a) o comportamento, o conhecimento e o caráter pessoal.
b) o nível cultural, a classe social e a demonstração de caráter.
c) a busca do comprometimento e as capacidades tecnológicas.
d) o currículo profissional, a definição de conduta e os gostos pessoais.

Comentários:

Segundo Ulrich, Zenger e Smallwood, a maioria dos itens – caráter pessoal, conhecimento e comportamentos – que compõem modelos de atributos agrupam-se em quatro amplas categorias de competências:

Coleção Gestão de pessoas

- definição da trajetória;
- busca do comprometimento;
- desenvolvimento das capacidades organizacionais;
- demonstração de caráter pessoal.

Questão 6:

Gabarito: a

a) Gestores democrático-inspiradores buscam acordos.
b) Gestores diretivo-administradores usam diplomacia.
c) Gestores democrático-inspiradores polarizam opiniões.
d) Gestores diretivo-administradores buscam consistência.

Comentários:

Gestores democrático-inspiradores polarizam opiniões, pois estão interessados em conhecer as intenções subjacentes aos comportamentos manifestados pelas partes, para identificar aspectos comuns a fim de utilizá-los no encaminhamento de uma solução mais sustentável para o conflito.

Questão 7:

Gabarito: d

a) metas racionais enfatiza o cumprimento de tarefas.
b) relações humanas prioriza as questões relacionais.
c) processos internos foca nas avaliações críticas dos planos vigentes.
d) sistemas abertos valorizam o controle e o foco no ambiente externo.

Comentários:

No modelo de sistemas abertos, predominam a flexibilidade e o foco no ambiente externo. Devem prevalecer inovação, adaptação e mudança com vistas ao crescimento e ao apoio externo – o que se contrapõe à busca da estabilidade e da continuidade, características de uma situação onde predominam o controle e o foco no ambiente interno.

Questão 8:

Gabarito: d

a) usar a informação para criar mudanças.
b) planejar visando à lucratividade futura.
c) persistir em conseguir o melhor das pessoas.
d) implementar táticas empresariais que já funcionaram.

Comentários:

Quando as forças do mercado requerem que a organização tenha seu foco no controle e no ambiente interno, a documentação e o gerenciamento de informações passam a ser mais importantes, e o gestor deve persistir em liderar por procedimentos, usar a informação para manter o controle e implementar táticas empresariais que já funcionaram.

Coleção Gestão de pessoas

Questão 9:

Gabarito: d

a) item I) aponta para o estilo mental.
b) item II) aponta para o estilo afetivo.
c) item III) aponta para o estilo ativo.
d) item I) aponta para o estilo afetivo.

Comentários:

O item I) corresponde a uma pessoa que denota querer sucesso, ser admirada, causar boa impressão. Esses aspectos correspondem às intenções de ordem afetiva, e não a aspectos mais voltados para ideias (mentais) ou orientados mais para a criatividade e ação (ativos).

Questão 10:

Gabarito: b

a) ideias, pessoas e ações.
b) pessoas, ideias e ações.
c) ações, ideias e pessoas.
d) pessoas, ações e ideias.

Comentários:

O propósito básico do estilo afetivo é promover uma interação saudável com outras pessoas; o do estilo mental é o desenvolvimento de uma visão objetiva sobre as pessoas, a vida e a realidade; o do estilo ativo é gerar movimento e direcionar esforço para realizar mudanças, estabelecer metas e estimular o emprego da energia.

Gabaritos e comentários
Autoavaliações

Módulo III – Descoberta e gestão de talentos

Questão 1:

Gabarito: c

a) a orientação sexual.
b) a postura ante a vida, sua religião.
c) os objetivos de vida, os planos, as prioridades.
d) a forma de solucionar problemas financeiros.

Comentários:

As perguntas que o gestor deve ser capaz de responder sobre seus funcionários são:

- Quais são seus objetivos de vida, seus planos, suas prioridades?
- Com o que está comprometido?
- Qual é sua orientação motivacional?
- Que legado quer deixar?
- Qual sua visão de mundo, sua postura ante a vida?
- Como lida com o fracasso?
- Sua visão é abrangente, integradora, pragmática, racional, realista, idealista, sonhadora?
- Qual é sua maturidade emocional?
- Como domina a emoção, principalmente diante de situações complexas e de forte pressão?

Coleção Gestão de pessoas

- Qual é sua forma de solucionar problemas – criativa, convencional, inovadora?
- Qual é sua motivação para aprender e compartilhar o aprendizado?

Questão 2:

Gabarito: d

a) só interessa à área de RH.
b) é mais útil para o entrevistado.
c) é mais útil para o gestor de pessoas.
d) é útil tanto para o gestor de pessoas quanto para o colaborador.

Comentários:

O perfil individual é bastante útil ao gestor e ao colaborador, pois possibilita um direcionamento mais consciente dos talentos e das potencialidades do indivíduo por meio do realinhamento com as estratégias organizacionais, visando ao comprometimento e à efetividade nos resultados diferenciadores de competitividade.

Questão 3:

Gabarito: a

a) experiência concreta, observação e reflexão, conceitualização abstrata, e experimentação ativa.
b) conceitualização abstrata, experiência concreta, observação e reflexão, e experimentação ativa.
c) experiência concreta, conceitualização abstrata, observação e reflexão, e experimentação passiva.
d) experimentação ativa, experiência concreta, observação e reflexão, e conceitualização abstrata.

Comentários:

Pelo eixo sentir-pensar:

- no sentir, o indivíduo tende a privilegiar o lado urgente da situação;
- no pensar, o indivíduo tende a privilegiar o lado importante da situação.

Pelo eixo observar-agir:

- no observar, o indivíduo tende a privilegiar o lado humano da situação;
- no agir, o foco se apresenta nos relacionamentos quantitativos, nas coisas concretas, mensuráveis.

Questão 4:

Gabarito: c

a) cultivando os princípios de estabilidade dos cargos.
b) conservando o conjunto de atribuições de cada funcionário.
c) **garantindo a flexibilidade necessária para a adaptação constante às mudanças impostas pelos ambientes.**
d) não cedendo à ideia de que as pessoas ampliam seu conjunto de atribuições de acordo com o aumento de sua capacitação.

Comentários:

Competências essenciais correspondem aos recursos internos de que as organizações dispõem para a obtenção de vantagens competitivas em relação a seus concorrentes.

Coleção Gestão de pessoas

Questão 5:

Gabarito: c

a) manter seus conhecimentos.
b) conservar suas pessoas requeridas.
c) alterar sua estrutura e seu funcionamento.
d) garantir que suas atividades permaneçam iguais.

Comentários:

Todo sistema organizacional – para que se desenvolva competitiva-mente e alcance o sucesso – deve alterar sua estrutura e seu funcionamento, entre os quais, seus processos, suas atividades, seus conhecimentos e as pessoas requeridas.

Questão 6:

Gabarito: c

a) o real que o virtual.
b) o passado que o futuro.
c) o como pensar que o como fazer.
d) o gerenciamento que o empresariamento.

Comentários:

Os programas de educação corporativa precisam enfatizar mais o como pensar do que o como fazer, o virtual do que o real, o empresaria-mento do que o gerenciamento, o futuro do que a história, e a ação do que o planejamento.

Competências gerenciais /

Questão 7:

Gabarito: d

a) social.
b) de giro.
c) humano.
d) intelectual.

Comentários:

A verdadeira riqueza das empresas para ampliar vantagens comparativas, sustentabilidade e desempenho deixou de ser seu patrimônio acumulado e passou a ser vista como decorrente do conhecimento aplicado ao trabalho para criar valor.

O objetivo de qualquer programa de educação corporativa é aumentar o capital intelectual, originário do conhecimento pertencente ao próprio indivíduo – seus conhecimentos, suas experiências, suas habilidades, suas competências e outros bens intelectuais – e que envolve a mensuração dos fatores dinâmicos ocultos que embasam a empresa.

Questão 8:

Gabarito: d

a) modelos mentais.
b) visão compartilhada.
c) pensamento sistêmico.
d) aprendizado individual.

Comentários:

Os componentes referenciais para o gestor de recursos humanos na identificação de talentos são:

Coleção Gestão de pessoas

- pensamento sistêmico;
- domínio pessoal;
- modelos mentais;
- visão compartilhada;
- aprendizagem em equipe.

Questão 9:

Gabarito: a

a) cresce de forma regular e pode ser prevista.
b) cresce de forma irregular, mas pode ser prevista.
c) não pode ser prevista embora cresça de forma regular.
d) cresce de forma irregular e, por isso, não pode ser prevista.

Comentários:

Durante 25 anos, Elliott Jaques realizou estudos acompanhando a evolução da remuneração e das responsabilidades reais dos empregados de uma indústria química. Sua pesquisa (1978) permitiu a identificação de grupos de empregados capazes de conceber tarefas de certa complexidade, com determinadas durações, e de executá-las de modo bem-sucedido dentro do prazo. Cada grupo parecia apresentar um padrão de crescimento regular quanto à evolução de sua capacidade de realização de tarefas de maior complexidade ao longo dos anos.

Analisando os resultados, Elliott Jaques percebeu que tal padrão se correlacionava positivamente com a idade cronológica, o que poderia indicar que a capacidade de trabalhar de forma eficaz e dentro de prazos poderia ser inata, variando de indivíduo para indivíduo.

Atualmente, admite-se que, à medida que as pessoas amadurecem profissionalmente, elas adquirem maior capacidade de abstração e entendimento da realidade, conseguindo resolver e lidar, eficazmente, com problemas cada vez mais complexos, sem que tal capacidade deva ser, necessariamente, inata.

Competências gerenciais

Questão 10:

Gabarito: d

a) pensar e agir.
b) sentir e pensar.
c) observar e agir.
d) sentir e observar.

Comentários:

O estilo divergente caracteriza-se por privilegiar a experiência concreta, a observação e a reflexão.

Gabaritos e comentários
Autoavaliações

Módulo IV – Desenvolvimento de equipes

Questão 1:

Gabarito: d

a) pode ser temporário.
b) nada tem a ver com a motivação.
c) nada tem a ver com as emoções dos membros.
d) pressupõe mudanças significativas no processo interpessoal.

Comentários:

O desenvolvimento de equipes é um processo educacional. Logo, tem de ser permanente, pressupõe mudanças significativas no plano pessoal e interpessoal, e envolve conhecimentos, sentimentos, atitudes, valores, motivação, postura e comportamento.

Questão 2:

Gabarito: b

a) compete ao facilitador indicado mostrar que cada pressuposto a ser analisado pode ser visto por vários ângulos diferentes.
b) os participantes precisam ser orientados a *suspender* seus pressupostos, permanecendo conscientes deles, mas podendo examiná-los enquanto suposições, e não fatos.

Coleção Gestão de pessoas

c) os participantes precisam ser orientados de que compõem uma equipe em que são parceiros, que devem buscar juntos novas ideias e compreensões que levem a resultados compatíveis com a razão de ser da organização.

d) deve ser indicado um facilitador, ou um *coach*, que mantenha o contexto do diálogo na equipe, permitindo que os participantes percebam que são os pressupostos que estão sendo analisados, não as pessoas ou suas identidades.

Comentários:

Existem pessoas que acreditam que o único modo de aprender é a partir das experiências do passado. Porém, tais experiências, muitas vezes, não são de grande utilidade para encontrar uma resposta criativa para as questões atuais.

Nas relações interpessoais e no trabalho em equipe, é importante reconhecer que toda ação pode ser colocada em prática a partir do lugar do qual a atenção (e intenção) se origina: hábitos (rotinas internalizadas), mente aberta (sem prejulgamento), coração aberto (sem ceticismo), vontade aberta (sem medo).

Sem aprendermos a suspender os pressupostos – permanecendo conscientes deles e podendo examiná-los enquanto suposições e não fatos –, não atenderemos a uma das condições requeridas para que os membros da equipe possam praticar o diálogo. Caso venhamos a aprender isso, sentiremo-nos melhor e estaremos em melhores condições de trabalhar de forma sistêmica, conectando-nos a partir do futuro à medida que ele emerge.

Questão 3:

Gabarito: a

a) costuma ser, em geral, mais demorada, trabalhosa e decisiva.

b) exige o envolvimento de todos, mas a participação apenas dos gestores.

Competências gerenciais /

c) consiste na realização de uma reunião ou de um seminário de grande impacto.

d) deve servir ao propósito de informar, motivar e agregar conhecimentos para o aperfeiçoamento profissional.

Comentários:

A partir da realização dos eventos da primeira fase, segue-se a fase do desenvolvimento de competências interpessoais – fase, em geral, mais demorada e trabalhosa, mas decisiva. Contudo, quando uma equipe diagnostica suas dificuldades, conscientiza-se da necessidade de empreender seu desenvolvimento interpessoal.

Questão 4:

Gabarito: b

a) formação, normatização, confusão e desempenho.
b) formação, confusão, normatização e desempenho.
c) formação, desempenho, normatização e confusão.
d) formação, desempenho, confusão e normatização.

Comentários:

As fases devem seguir a ordem – formação, confusão, normatização e desempenho – a fim de cumprir, satisfatoriamente, seu propósito – viabilizar a criação de um grupo inteiramente funcional.

Coleção Gestão de pessoas

Questão 5:

Gabarito: d

a) a intervenção direta dos funcionários em situações críticas.
b) a definição de metas de desempenho gerais e pouco ambiciosas para todas as equipes.
c) a reconcepção dos sistemas de remuneração com base nas horas trabalhadas.
d) a eliminação de avaliações do desempenho individual ou sua reconcepção com o objetivo de apoiar o trabalho em equipe.

Comentários:

Para estruturar suas equipes de trabalho, as organizações de alto desempenho devem buscar, entre outras coisas, a:

- reconcepção dos sistemas de remuneração com base nas competências e nos resultados da equipe;
- definição de metas de desempenho ambiciosas e específicas para todas as equipes, nitidamente associadas à missão e à estratégia da empresa;
- intervenção da alta liderança em situações críticas.

Questão 6:

Gabarito: c

a) execução.
b) avaliação.
c) planejamento.
d) registro e divulgação.

Comentários:

O planejamento tem de considerar as fases em que se dá uma reunião, ou seja, planejamento, execução, avaliação, registro, divulgação.

Questão 7:

Gabarito: a

a) crescimento pessoal e interpessoal.
b) promoção para um cargo de gerência.
c) risco de degradação da imagem profissional.
d) demonstração de fragilidade e falta de confiança em si.

Comentários:

A avaliação qualitativa do trabalho desenvolvido pela equipe tem de ser participativa, compartilhada, feita pela própria equipe.

Questão 8:

Gabarito: a

a) a integridade.
b) a competição.
c) o compartilhamento.
d) a abertura (transparência, flexibilidade, acesso).

Comentários:

Tapscott aconselha as organizações a adotarem os cinco princípios da *wikinomics*, a fim de conseguirem obter sucesso nesse novo momento da história da humanidade:

- colaboração;
- abertura (transparência, flexibilidade, acesso);
- compartilhamento;
- integridade;
- interdependência.

Questão 9:

Gabarito: d

a) no foco e na integração.
b) em si próprio e nos outros.
c) na conscientização e nas escolhas cuidadosas.
d) na conservação e no cuidado com mudanças.

Comentários:

O resultado dessa liderança é um desempenho melhorado em quatro dimensões distintas:

- em si próprio e nos outros;
- na conscientização e nas escolhas cuidadosas;
- no foco e na integração;
- na inovação e na tomada de decisão.

Questão 10:

Gabarito: a

a) estar cientes do caminho a ser dado à condução da reunião.
b) dar ênfase à promoção da socialização de seus participantes.
c) deixá-la livre para se realizar da forma como os participantes quiserem.
d) deixar indefinidas as atribuições a serem exercidas por seus participantes.

Comentários:

Na fase de execução, devemos estar cientes do caminho a ser dado à condução da reunião. Para tal, devemos estabelecer as atribuições a serem exercidas por seus participantes:

- quanto ao conteúdo;
- quanto à forma – processo;
- quanto ao relacionamento.

Bibliografia comentada

CASHMAN, K. *Liderança autêntica – de dentro de si para fora*: como se tornar um líder para toda a vida. São Paulo: M.Books, 2011.

O autor demonstra como a autenticidade da liderança – vista como influência autêntica que agrega valores – é essencial para sua eficácia. Neste livro, propõe um conjunto de sete práticas para a liderança autêntica para ajudar os líderes a conhecerem e utilizarem sua autenticidade para agregarem valor a si, aos grupos e às organizações. Tais práticas se referem aos domínios pessoal, do propósito, da mudança, interpessoal, da ação, da resiliência e do ser.

CHARAN, C.; DROTTER, S.; NOEL, J. *Pipeline de liderança*: o desenvolvimento de líderes como diferencial competitivo. Rio de Janeiro: Campus, 2010.

Enfatizando a importância do capital intelectual para as empresas, os autores demonstram por que uma forte liderança é indispensável para desenvolvê-lo e capacitá-lo. Para isso, mostram como as empresas podem desenvolver seus próprios líderes a partir da compreensão das passagens críticas que um líder precisa atravessar em sua carreira.

CLUTTERBUCK, D. *Coaching eficaz*: como orientar sua equipe para potencializar resultados. São Paulo: Gente, 2007.

O foco deste livro são as atividades do *coaching* voltado para equipes e as habilidades necessárias a um profissional para desempenhar suas funções. O autor procura mostrar o quanto é importante que as pessoas, trabalhando em equipes, identifiquem as prioridades, tenham condições de solucionar os problemas de forma criativa, consigam administrar bem uma tarefa, possam aprender o que tem de ser aprendido e adotem os comportamentos pertinentes. Além de apresentar sugestões e técnicas, o autor relata *cases* internacionais como ilustrações do que propõe.

COVEY, Stephen M. R. *O poder da confiança*: o elemento que faz toda a diferença. Rio de Janeiro: Campus, 2008.

Neste livro, o autor vai ao âmago do comportamento ético e da integridade, e aponta como os líderes de organizações confiáveis realizam as tarefas melhor, mais rapidamente e com um custo menor.

DEMO, G. *Políticas de gestão de pessoas nas organizações*: papel dos valores pessoais e da justiça organizacional. São Paulo: Atlas, 2005.

Neste livro, a autora enfatiza a relevância das políticas de gestão de pessoas, procurando a melhoria de sua efetividade, seu desempenho e seus resultados, e, ao mesmo tempo, promovendo maior bem-estar e realização pessoal e profissional de todos os que dela participam.

DI SERIO, L. C.; VASCONCELLOS, M. A. *Estratégia e competitividade empresarial*: inovação e criação de valor. São Paulo: Saraiva, 2009.

Os autores propõem a criação de metodologias voltadas para o diagnóstico, o planejamento e a implementação, visando à melhoria da competitividade de empresas brasileiras. Por meio de estudos de casos e análises, procuram dar subsídios para que as empresas nacionais se preparem para a forte competição global deste século.

EBOLI, M. Educação corporativa e desenvolvimento de competências. In: DUTRA, J.; Fleury, M. T. L.; RUAS, R. (Orgs.). *Competências:* conceitos, métodos e experiências. São Paulo: Atlas, 2008.

A autora procura, em seu capítulo, estimular a reflexão sobre a educação corporativa, vista como um sistema de desenvolvimento de pessoas, incluindo o conceito de competências críticas – empresariais, organizacionais e humanas. Faz também considerações sobre tendências e desafios da educação corporativa no Brasil.

KATZENBACH, J. R.; SMITH, D. K. *Equipes de alta performance – the discipline of teams*: conceitos, princípios e técnicas para potencializar o desempenho das equipes. Rio de Janeiro: Campus, 2002.

Visando auxiliar as empresas a melhorar o desempenho de suas equipes – compreendidas como pequenos grupos –, os autores analisam duas disciplinas fundamentais para o alto desempenho e orientam sobre quando e como utilizar cada uma delas.

MINTZBERG, H. *Managing*: desvendando o dia a dia da gestão. Porto Alegre: Bookman, 2010.

O livro desenvolve alguns temas sobre a prática da gestão, de forma a esclarecer e auxiliar gestores inseguros, confusos e ansiosos a descobrir formas de atuar em seu cotidiano. A partir de observação prática de 29 gestores de campos diversos, o autor traz informações sobre a complexidade, as pressões, as sutilezas, as dúvidas e as descobertas que permeiam o dia a dia da gestão e os contextos em que ela se desenrola.

QUINN, Robert E.; FAERMAN, Sue R.; THOMPSON, Michael P. *Competências gerenciais*: princípios e aplicações. Rio de Janeiro: Campus, 2004.

Os autores desenvolveram um livro de estratégias com o objetivo de subsidiar o desenvolvimento de competências gerenciais. O papel de líder é visto como um conjunto de oito papéis interativos: diretor, produtor, mentor, facilitador, coordenador, monitor, inovador e negociador.

RAMASWAMY, V.; GOUILLART, F. *A empresa cocriativa*: por que envolver *stakeholders* no processo de criação de valor gera mais benefícios para todos. Rio de Janeiro: Campus, 2011.

Neste livro, os autores, pioneiros no trabalho com empresas de desenvolvimento das práticas da cocriação mostram como qualquer organização pode alcançar resultados *ganha-ganha* com tais métodos. Mostram como diversas empresas têm utilizado uma variedade de *plataformas de engajamento* e como elas têm estruturado os processos de gestão visando imprimir o poder da cocriação. Segundo eles, a cocriação vai além da visão convencional de processos e qualidade, pensamento *lean*, e se tornou uma mentalidade essencial e prática para promover desenvolvimento sustentável, produtividade e lucros para o futuro.

SCHARMER, C. O. *Teoria U*: como liderar pela percepção e realização do futuro emergente – mente aberta, coração aberto, vontade aberta. Rio de Janeiro: Campus, 2010.

Neste livro, o autor apresenta uma rica gama de histórias reais, baseadas em pesquisas e trabalhos desenvolvidos com mais de 150 profissionais e líderes por uma década. Além disso, disponibiliza exercícios e práticas que permitem, aos interessados, deslocarem sua consciência de modo a acessarem possibilidades futuras de inovação e o caminho para concretizá-las.

SCHEIN, Edgar H. *Cultura organizacional e liderança*. São Paulo: Atlas, 2009.

Neste livro, o autor trabalha com o conteúdo em três partes: a identificação das culturas organizacional e ocupacional; a cultura e como suas facetas se mostram nos grupos; o gerente como fundador, gerente e vítima da cultura. O tema da liderança perpassa as três partes, como o fio condutor que influencia e é influenciado pela cultura.

SENGE, P. M. *A quinta disciplina*: arte, teoria e prática da organização de aprendizagem. São Paulo: Best Seller, 2008.

O autor traz os conceitos da organização que aprende, onde as pessoas têm a possibilidade de desenvolver suas capacidades mediante a utilização de padrões de pensamento mais abrangentes do que os convencionais, obtendo a participação no processo de criação e de obtenção de resultados coletivos e aprendendo a aprender.

TAPSCOTT, D. *A hora da geração digital*. Rio de Janeiro: Agir, 2010.

A partir de uma pesquisa que o autor fez com 10 mil jovens, ao custo de 4 milhões de dólares, ele descobriu um conjunto de pessoas que vêm desenvolvendo novas formas de pensar, agir, trabalhar e interagir. São os resultados de suas pesquisas que ele apresenta de forma agradável e interessante, com sugestões práticas de como lidar com esses jovens.

SHELTON, C. *Gerenciamento quântico*: como reestruturar a empresa e a nós mesmos usando sete novas habilidades quânticas. São Paulo: Cultrix, 2003.

A autora propõe uma análise sistêmica entre indivíduo e organização, mostrando que uma mudança fundamental, para ocorrer de fato, deve acontecer em ambas as instâncias. Se nosso local de trabalho é reflexo de nossos paradigmas individuais e coletivos, ao nos modificarmos, ao reformularmos nossas crenças e visões, alteramos as realidades em que atuamos. A partir de sete capacidades quânticas, a autora propõe formas de como podemos mudar a nós mesmos e a nossas organizações.

Autor

Leopoldo Antonio de Oliveira Neto é psicólogo e especialista em psicologia organizacional e do trabalho do CRP-SP, além de engenheiro, mestre e doutor em engenharia pela Escola Politécnica da USP, com cursos na área de recursos humanos, comportamento organizacional, gerenciamento estratégico e negociação pelas universidades de Michigan, de Wharton e da Califórnia. É professor do Departamento de Administração Geral e RH da Eaesp/FGV, do Ceag, do FGV Online, do FGV In Company e do GVpec. É, ainda, presidente da SET Engenharia Cultural, empresa de consultoria de resultados por meio de pessoas, dirigindo trabalhos em organizações – entre as quais, Petrobras, Volkswagen, BankBoston, Novartis, Termomecânica São Paulo, Svedala-Faço, Promovisão, Apas, Elgin Máquinas, Whirlpool-Brasmotor, Bradesco, BR-Distribuidora, Confenar e Drogasil –, além de atuar em trabalhos junto ao TCU e aos Ministérios da Educação e do Trabalho e Emprego. É conferencista, *coach* e psicoterapeuta clínico e organizacional. É coautor do livro *Sistrat: sistema estratégico de planejamento e desenvolvimento de recursos humanos*, juntamente com A. O. Manzini e J. D. Gridley. Coordenou os trabalhos de *endoacting* junto à Petrobras e atuou como *advisory manager* junto a Henrique Meirelles.

FGV Online

Missão

Desenvolver e gerenciar tecnologias, metodologias e soluções específicas de educação a distância, sob a responsabilidade acadêmica das escolas e dos institutos da FGV, no âmbito nacional e internacional, liderando e inovando em serviços educacionais de qualidade.

Visão

Ser referência internacional na distribuição de produtos e serviços educacionais inovadores e de alta qualidade na educação a distância.

Cursos oferecidos

O FGV Online oferece uma grande variedade de tipos de cursos, desde atualizações até especializações e MBA:

- cursos de curta duração;
- cursos de média duração;
- graduação;
- MBAs e cursos de especialização;
- soluções corporativas;
- cursos gratuitos (OCWC).

Cursos de curta duração

Os cursos de curta duração de 30 horas visam atender ao mercado de educação continuada para executivos. Professores-tutores – capacitados em educação a distância e especialistas na área em que atuam – orientam os participantes. Vídeos, animações e jogos didáticos auxiliam a apreensão do conteúdo apresentado nos cursos.

Tendo como pré-requisito um curso de graduação, os cursos de curta duração são ideais para quem deseja, em pouco tempo, rever sua prática profissional.

Os cursos de curta duração do FGV Online são veiculados, essencialmente, via internet. A utilização de diversos recursos multimídia fomenta a busca de informações, a reflexão sobre elas e a reconstrução do conhecimento, além de otimizar a interação dos alunos entre si e com o professor-tutor, responsável pelo suporte acadêmico à turma.

O curso tem duração aproximada de nove semanas.

Cursos de média duração

Os cursos de média duração – ou séries estratégicas – visam à formação e ao desenvolvimento de competências gerenciais estratégicas, com ênfases em certas áreas do conhecimento.

Tendo como pré-requisito o curso de graduação, os cursos de pós-graduação de 120 horas são ideais para o profissional que deseja implementar novas ações em sua prática profissional.

Graduação

Considerando que, nos mercados competitivos, só sobrevivem as empresas que contam com a criatividade, a flexibilidade e a eficácia de seus colaboradores, o Curso Superior de Tecnologia em Processos Gerenciais visa atender tanto às organizações que buscam qualificar seus executivos quanto aos que não conseguem dar continuidade a sua formação, seja por falta de tempo para participar de cursos presenciais, seja porque não existem, na cidade em que residem, instituições de ensino superior.

Com foco no domínio e na aplicação de conhecimentos e ferramentas na área de gestão empresarial, o Curso Superior de Tecnologia em Processos Gerenciais objetiva capacitar para o enfrentamento de mudanças contínuas, com vistas à maior qualidade e produtividade de suas ações, mediante a adoção de modelos gerenciais capazes de gerar resultados em um mercado cada vez mais competitivo, que exige de nossos alunos a consolidação de sua formação profissional.

Escolhida pelo MEC como a melhor instituição de ensino superior do país em 2009, a Ebape/FGV, em parceria com o FGV Online, oferece o curso com duração de três anos, combinando atividades *on-line* com *workshops* e provas presenciais. Ao final do programa, é conferido o diploma de Tecnólogo em Processos Gerenciais, que habilita os participantes a ingressarem em cursos de pós-graduação (*lato* ou *stricto sensu*).

O Curso Superior de Tecnologia em Processos Gerenciais é certificado, pela EFMD (European Foundation for Management Development), com o selo CEL, que avalia e certifica a qualidade dos programas das escolas de negócios.

MBAs e cursos de especialização

Tendo como pré-requisito a graduação, os MBAs e os cursos de especialização a distância destinam-se a executivos que, por incompatibilidade de horário ou indisponibilidade para estarem em sala de aula, visam se preparar melhor para o competitivo mercado de trabalho e o desenvolvimento de habilidades gerenciais em empresas privadas ou setores governamentais.

A metodologia do curso contempla, além do trabalho com diferentes ferramentas de internet, quatro encontros presenciais, realizados no Rio de Janeiro ou em São Paulo.

As disciplinas do curso são elaboradas por professores da FGV, enquanto os professores-tutores discutem o conteúdo, orientam atividades e avaliam trabalhos dos alunos no ambiente virtual de aprendizagem, via internet.

Os MBAs e cursos de especialização do FGV Online têm, no mínimo, 360 horas, e apresentam opções em diversas áreas de conhecimento:

- MBA Executivo em Administração de Empresas com ênfase em Gestão;
- MBA Executivo em Administração de Empresas com ênfase em Meio Ambiente;
- MBA Executivo em Administração de Empresas com ênfase em Recursos Humanos;

Coleção Gestão de pessoas

- MBA Executivo em Marketing;
- MBA Executivo em Finanças com ênfase em *Banking*;
- MBA Executivo em Finanças com ênfase em Controladoria e Auditoria;
- MBA Executivo em Finanças com ênfase em Gestão de Investimentos;
- MBA da Construção Civil;
- MBA Executivo em Gestão Pública;
- MBA Executivo em Gestão e *Business Law*;
- Especialização em Negócios para Executivos – GVnext;
- Especialização em Gestão de Pequenas e Médias Empresas;
- Especialização em Administração Judiciária.

O MBA Executivo em Administração de Empresas é certificado, pela EFMD (European Foundation for Management Development), com o selo CEL, que avalia e certifica a qualidade dos programas das escolas de negócios.

Além dessas opções, o FGV Online possui dois MBAs internacionais: o MBA Executivo Internacional em Gerenciamento de Projetos (em parceria com a University of California – Irvine) e o Global MBA (em parceria com a Manchester Business School), que são programas destinados a executivos, empreendedores e profissionais liberais que, precisando desenvolver suas habilidades gerenciais, querem uma exposição internacional sem precisar sair do país.

Soluções corporativas

Definidas em parceria com o cliente, as soluções corporativas do FGV Online possibilitam que os colaboradores da empresa – lotados em diferentes unidades ou regiões, no país ou no exterior – tenham acesso a um único programa de treinamento ou de capacitação.

É possível ter, em sua empresa, todo o conhecimento produzido pelas escolas e unidades da FGV, na forma de educação a distância (*e-learning*). São soluções e produtos criados pela equipe de especialistas do FGV Online, com o objetivo de atender à necessidade de aprendizado no ambiente empresarial e nas universidades corporativas.

Os cursos corporativos do FGV Online são acompanhados por profissionais que, responsáveis pelo relacionamento empresa-cliente,

Competências gerenciais /

elaboram todos os relatórios, de modo a registrar tanto todas as etapas do trabalho quanto o desempenho dos participantes do curso.

Cursos gratuitos (OCWC)

A Fundação Getulio Vargas é a primeira instituição brasileira a ser membro do *Open Course Ware Consortium* (OCWC), o consórcio de instituições de ensino de diversos países que oferece conteúdos e materiais didáticos gratuitos pela internet. Também é a única a enviar certificados de participação aos alunos que terminam os cursos.

Criado pelo Instituto de Tecnologia de Massachusetts (MIT), o consórcio é constituído por mais de 200 instituições de ensino de renome internacional, entre elas a Escola de Direito de Harvard, a Universidade da Califórnia – Irvine – e o Tecnológico de Monterrey, entre outras. O OCWC tem mais de 8 mil inscritos, provenientes de 215 países.

Atualmente, o FGV Online oferece 22 cursos gratuitos – há programas de gestão empresarial, de metodologia de ensino e pesquisa, cursos voltados a professores de ensino médio, um *quiz* sobre as novas regras ortográficas da língua portuguesa, entre outros. A carga horária dos cursos varia de cinco a 30 horas.

Para saber mais sobre todos os cursos do FGV Online e fazer sua inscrição, acesse <www.fgv.br/fgvonline>.

Esta obra foi produzida nas
oficinas da Imos Gráfica e Editora na
cidade do Rio de Janeiro